FÉLIX MARÍA AROCENA
JOSÉ LUIS PASTOR

PENITENCIA Y UNCIÓN DE LOS ENFERMOS

EDICIONES UNIVERSIDAD DE NAVARRA, S.A.
PAMPLONA

MANUALES ISCR
INSTITUTO SUPERIOR DE CIENCIAS RELIGIOSAS
UNIVERSIDAD DE NAVARRA

© 2025. Félix María Arocena y José Luis Pastor
Ediciones Universidad de Navarra, S.A. (EUNSA)
Campus Universitario • Universidad de Navarra • 31009 Pamplona • España
+34 948 25 68 50 • www.eunsa.es • eunsa@eunsa.es
ISBN: 978-84-313-4056-8 | D. L. NA 1642-2025
Diseño cubierta: Pablo Cerezo Marín
Printed in Spain – Impreso en España

Cupón para la Biblioteca Virtual

Accede a la versión eBook de este título por solo **1,99 €**. Con la compra de este libro puedes utilizar el siguiente cupón para la lectura en *streaming** desde la Biblioteca Virtual. **Sigue estas instrucciones** para visualizar tu libro:

1. Dirígete a la web de la Biblioteca Virtual **https://ebooks.eunsa.es/library**.

2. En la web ve a **Iniciar sesión** e introduce tu email y contraseña. Si no estás registrado, deberás completar el proceso en **Registrarse**.

3. Tras registrarte, accede a la página del libro o lee el QR de esta página. Bajo el precio podrás **insertar el código oculto en el siguiente cupón** para activar la promoción.

Rasque para visualizar

Acceso directo al eBook

No se admitirá la devolución del libro si el código promocional ha sido manipulado.

Canjéalo en ebooks.eunsa.es

*Con acceso a internet desde cualquier navegador.

Colección
MANUALES DEL INSTITUTO SUPERIOR DE CIENCIAS RELIGIOSAS

1. Cada vez más personas se interesan por adquirir una formación filosófica y teológica seria y profunda que enriquezca la propia vida cristiana y ayude a vivir con coherencia la fe. Esta formación es la base para desarrollar un apostolado intenso y una amplia labor de evangelización en la cultura actual. Los intereses y motivaciones para estudiar la doctrina cristiana son variados:

- **Padres y madres** que quieren enriquecer su propia vida cristiana y la de su familia, cuidando la formación cristiana de sus hijos.

- **Catequistas y formadores** que quieren adquirir una buena preparación teológica para transmitirla a otros.

- Futuros **profesores de religión** en la enseñanza escolar.

- **Profesionales** de los más variados ámbitos (comunicación, economía, salud, empresa, educación, etc.) que necesitan una formación adecuada para dar respuesta cristiana a los problemas planteados en su propia vida laboral, social, familiar… o simplemente quienes sienten **la necesidad de mejorar la propia formación** cristiana con unos estudios profundos.

2. Existe una demanda cada vez mayor de material escrito para el estudio de disciplinas teológicas y filosóficas. En muchos casos la necesidad procede de personas que no pueden acudir a clases presenciales, y buscan un método de aprendizaje autónomo, o con la guía de un profesor. Estas personas requieren un material valioso por su contenido doctrinal y que, al mismo tiempo, esté bien preparado desde el punto de vista didáctico (en muchos casos para un estudio personal).

Con el respaldo académico de la Universidad de Navarra, especialmente de sus Facultades Eclesiásticas (Teología, Filosofía y Derecho Canónico), la Facultad de Filosofía y Letras y la Facultad de Educación y Psicología, esta colección de **manuales de estudio** pretende responder a esa necesidad de formación cristiana con alta calidad profesional.

3. Las **características** de esta colección son:

- **Claridad doctrinal**, siguiendo las enseñanzas del Magisterio de la Iglesia católica.

- **Exposición sistemática** y profesional de las materias teológicas, filosóficas (y de otras ciencias).

- **Formato didáctico** tratando de hacer asequible el estudio, muchas veces por cuenta propia, de los contenidos fundamentales de las materias. En esta línea aparecen en los textos algunos elementos didácticos tales como esquemas, introducciones, subrayados, clasificaciones, distinción entre contenidos fundamentales y ampliación, bibliografía adecuada, guía de estudio al final de cada tema, etc.

JOSÉ MANUEL FIDALGO ALAIZ
JOSÉ LUIS PASTOR
Directores de la colección

Formato didáctico

Los manuales tienen un formato didáctico básico para facilitar tanto el eventual estudio del alumno por su cuenta, el autoestudio con preceptor / tutor, o la combinación de clases presenciales con profesor y estudio personal.

Estas características didácticas son:

1. Se ha procurado **simplificar** los contenidos de la materia sin perder la calidad académica de los mismos.

2. Se simplifican los modos de expresión, buscando la claridad y la sencillez, pero sin perder la **terminología teológica**. Nos parece importante, desde un punto de vista formativo, adquirir el uso adecuado de los términos teológicos principales.

3. En el cuerpo del texto aparecen **dos tipos de letra** en función de la relevancia del contenido. Mientras que la letra grande significa contenidos básicos de la materia, la letra pequeña se aplica a un contenido más explicativo de las ideas principales, más particular o más técnico.

4. El texto contiene términos o expresiones en formato **negrita**. Se pretende llamar la atención sobre un concepto clave a la hora del estudio personal.

5. Las enumeraciones y **clasificaciones** aparecen tipográficamente destacadas para facilitar la visualización rápida de los conceptos, su estudio y memorización.

6. Al principio de cada tema, inmediatamente después del título, se incluye una **síntesis** de la idea principal a modo de presentación.

7. En cada tema se presentan varios recursos didácticos:

   • Un **esquema o sumario** de la lección (sirve de guión de estudio y memorización).

   • Un **vocabulario** de palabras y expresiones usadas en el desarrollo del tema. Sirve para enriquecer el propio bagaje de términos académicos y sirve también de autoexamen de la comprensión de los textos.

- Una **guía de estudio**. Se trata de un conjunto de preguntas. El conocimiento de las respuestas garantiza una asimilación válida de los principales contenidos.

- **Textos para comentar**. Pueden dar pie a lecturas formativas o a ejercicios (guiados por un profesor).

8. Se dispone al final de una **bibliografía básica** y sencilla de los principales documentos que pueden servir para ampliar el contenido de la materia.

PRESENTACIÓN

Para narrar las palabras y gestos de Jesús los Evangelios acuden básicamente a tres verbos, que son los de mayor frecuencia: enseñar, perdonar y curar. Las páginas de este manual tratan, especialmente, de los dos últimos. Cada generación puede traducir a su experiencia histórica profunda la propuesta de perdón y curación que Dios le ofrece en Cristo, explicitando el cómo y el por qué Dios sana integralmente al hombre.

El presente manual se alinea en esta perspectiva y ensaya unas respuestas. Para ello, aborda conjuntamente dos sacramentos: primero, la Penitencia y, después, la Unción de los enfermos. La presentación de ambos en un solo volumen, así como el paralelismo que guardan las respectivas exposiciones de uno y otro sacramentos, responden a un criterio teológico: la Penitencia y la Unción, en su específica diferencia, guardan una estrecha relación porque uno y otro son sacramentos de curación. Su carácter terapéutico y restaurador fue puesto de relieve por la reflexión espiritual tanto del Oriente como del Occidente cristianos.

Quizá la imagen de Cristo más grabada en la tradición primitiva fuera la de Jesús como Médico prodigioso. Ignacio de Antioquía designa de este modo a Cristo en su carta a los Efesios. Precisamente en esa ciudad se hallaban los médicos de la antigüedad que recogían hierbas para tratar las diversas enfermedades. Por eso, Ignacio presentaría en forma inculturada a Cristo como Médico, y a los sacramentos como realizaciones de aquello a lo que aspiraban los galenos de Antioquía: encontrar una hierba que fuera medicina para la muerte, elixir de la inmortalidad. La Iglesia, en su oración, invoca a Cristo como "médico celeste" y "medicina" para las enfermedades del hombre.

SIGLAS

Documentos del Concilio Vaticano II (1962-1965)

AA   *Apostolicam actuositatem*, Decreto sobre el apostolado de los seglares (18.11.1965).

AG   *Ad Gentes divinitus*, Decreto sobre la actividad misionera de la Iglesia (7.12.1965).

DH   *Dignitatis humanae*, Declaración sobre la libertad religiosa (7.12.1965).

DV   *Dei Verbum*, Constitución dogmática sobre la divina revelación (18.11.1965).

GS   *Gaudium et spes*, Constitución pastoral sobre la Iglesia en el mundo actual (7.12.1965).

LG   *Lumen gentium*, Constitución dogmática sobre la Iglesia (21.11.1964).

NA   *Nostra aetate*, Declaración sobre las relaciones de la Iglesia con las religiones no cristianas (28.10.1965).

PO   *Presbyterorum ordinis*, Decreto sobre el ministerio y vida de los presbíteros (7.12.1965).

SC   *Sacrosanctum concilium*, Constitución sobre la sagrada liturgia (4.12.1963).

UR   *Unitatis redintegratio*, Decreto sobre el ecumenismo (21.11.1964).

Otras

CEC   *Catecismo de la Iglesia Católica* (11.10.1992).

D   H. Denzinger – P. Hünermann, *El magisterio de la Iglesia. Enchiridion symbolorum, definitionum et declarationum de rebus fidei et moribus*, Barcelona: Herder, 1999.

RM   S. Juan Pablo II, Encíclica *Redemptoris missio* (1990).

EL SACRAMENTO
DE LA PENITENCIA
Y DE LA RECONCILIACIÓN

TEMA 1

LA REVELACIÓN DE LA MISERICORDIA DE DIOS EN LA SAGRADA ESCRITURA

En la última página del Hexámeron, Ambrosio emplea una expresión original que apunta a la misericordia de Dios como sustancia de toda la obra creadora: "tras haber creado al hombre, Dios al fin descansó teniendo a quien perdonar sus pecados". Este pensamiento del obispo de Milán ayuda a entender que el hombre fue creado como un ser para el perdón. Se revela así que el designio salvífico de Dios sitúa al "amor que perdona" como la pieza que aglutina el despliegue de su diseño inescrutable. En Dios, el perdón es como la corona de su amor.

SUMARIO

1. Alianza y conversión en Israel 1.1 La alianza, el pecado y la misericordia 1.2 La conversión y la penitencia • **2. La *metanoia* en el Nuevo Testamento** 2.1 Nueva alianza y pecado 2.2 Cristo llama a la conversión y revela la misericordia del Padre • **3. El origen en Cristo del poder de perdonar los pecados** 3.1 La misericordia de Cristo se prolonga en la Iglesia 3.2 El poder de "atar y desatar" en Mateo y de "perdonar y retener" en Juan 3.3. La institución del sacramento.

La Escritura nos introduce **en el marco histórico-salvífico,** como ámbito donde el sacramento de **la Penitencia resulta plenamente inteligible.** La realidad sagrada de la Penitencia no parte de la reflexión racional sobre ella, sino que tiene su origen en el don de Dios Padre que llama al pecador a renovar la **alianza** con Él.

1.1. La alianza, el pecado y la misericordia

La experiencia de la **infidelidad** de Israel y la **misericordia** de Dios, de la **conversión** y de las **liturgias penitenciales** fue suscitando un patrimonio de **instituciones,** contenidas en la *Torah* y purificadas por los **profetas,** cuya hermenéutica sólo adquiere su pleno sentido a la luz de la noción bíblica de "alianza". La "alianza" es el tema teológicamente más significativo y más presente en los Libros inspirados. La teología bíblica enseña que las **alianzas de Dios con la humanidad** conforman la estructura narrativa y el contenido dramático de la Biblia. Las alianzas bíblicas se inician para **formar lazos familiares entre Dios y el Pueblo de su Elección.** La alianza (en hebreo *berith* - **"pacto",** en griego *diatheke* - **"testamento")** como **eje de la historia de la salvación:** la **alianza antigua,** como elemento fundante de Israel, figura de la **nueva,** y ésta como plenitud de la redención por la sangre de Cristo y fundamento del **nuevo Israel.**

La **originalidad de la Biblia** consiste en plantear la **cuestión moral del bien y del mal en relación con Dios** dentro de una **perspectiva existencial,** en el contexto de la **alianza.** Dios ha creado al hombre capaz de la alianza y la ha establecido con él. Por eso, la óptica religiosa de **Israel conoce el pecado como separación, traición, infidelidad a la alianza** (cf. Is 1, 2-4). Oseas representa figuradamente al pueblo de Israel como esposa de Dios, para poder así declarar a la inversa el culto de los ídolos como apostasía adúltera contra la fidelidad a la alianza con el esposo. En este sentido, **pecado es la ruptura de la alianza entre Dios y el hombre.** Significa **infidelidad y desamor; ofensa e injusticia.** Pecado es **traición** al Amigo, **adulterio** al Esposo.

Experto conocedor de la fidelidad del Señor en el curso de su historia, Israel no siempre acierta a responderle de la misma manera.

> En el momento mismo en que Dios se compromete con su pueblo en la alianza más solemne, confiándole su Ley, lo convierte en el pueblo de su propiedad sobre el resto de los pueblos. Pero Dios mismo ve a ese pueblo, apenas adoptado como

hijo, renegar y trocar la gloria del Dios vivo por la imagen "de un toro que come hierba" (Sal 106, 20). Esta rotura de la alianza queda dramáticamente simbolizada en la actitud de Moisés, que estrella contra el suelo las tablas de la Ley a la vista del pueblo idólatra (cf. Ex 32, 15-19). A lo largo del tiempo, el pueblo experimentará su propia incapacidad para mostrarse fiel a la alianza porque sus miembros sucumben a la asidua tentación de buscar la felicidad por otros derroteros. Israel se comporta como un hijo desagradecido (cf. Os 11, 1-4.8), como una viña carente de fruto (cf. Is 5, 1-7). Los textos veterotestamentarios reflejan esta infidelidad a la alianza con múltiples imágenes: el desamor de Israel (cf. Jr 2, 1), su apostasía (cf. Jr 1, 19), su adulterio (cf. Jr 5, 7), su rebelión (cf. Os 8, 1), su desconocimiento del Señor (cf. Jr 4, 22)...

Una de las constantes fundamentales de la fe de Israel es su **experiencia de la misericordia de Dios.** La misericordia de Dios se va desvelando poco a poco en respuesta a la infidelidad creciente del pueblo, hasta constituir una de las bases salvíficas fundamentales: el Señor "no te abandona, ni te aniquila, ni se olvida de la alianza que juró a tus padres" (Dt 4, 31). A lo largo de la historia de la salvación se advierte que la elección gratuita y amorosa de Dios provoca **constantes intervenciones para salvar a Israel** de su propia ruina. Lo llama a la conversión por medio de nuevas oportunidades de una mayor misericordia en medio de una creatividad inagotable, como si Dios encontrara siempre nuevos modos de llegar al corazón del pueblo de su Elección. La misericordia es, en definitiva, el nombre que toma **el amor ante la indigencia de quien tanto se ama.**

El amor misericordioso de Dios, que llama a la **conversión,** se plasma en el término hebreo *rahamim,* que literalmente se traduce por "entrañas de misericordia", y expresa el sentimiento interior de compasión y ternura, ligado a la idea de maternidad y transmisión de la vida: "antes de plasmarte en el seno materno te conocí, y antes de que salieras de las entrañas te consagré" (Jr 1, 5). El término *rahum,* misericordioso, deriva de *rehem,* seno materno. Con estas y otras palabras semejantes se evoca el rico contenido materno de Dios que, llamando a Israel a la alianza, lo considera un hijo al que se siente profundamente ligado y por quien sufre cuando lo contempla extraviado en la infidelidad: "¿podré abandonarte, Efraím? ¿podré entregarte, Israel? (...) Me da un vuelco el corazón, se conmueven a la vez mis entrañas" (Os 11, 8).

> Se comprende la importancia del seno materno como sede donde se forma la vida, como fuente que participa del ser de Dios y, por eso, tanto el seno materno (cf. Pr 5, 15) como el mismo Dios son simbolizados por medio de una cisterna-pozo, o bien como una fuente de agua. Más adelante, la exégesis sacramental, típica de la tradición africana, llamará "cisterna" (*lacus*) a la fuente bautismal, cuya forma recordará al útero materno, como víscera donde los sacramentos de

la madre Iglesia engendran a los nuevos hijos de Dios. Agustín dirá que las aguas bautismales son el seno de la madre.

1.2. La conversión y la penitencia

Todo el Antiguo Testamento es, de algún modo, la historia de la **conversión** del hombre y, al mismo tiempo, la historia de su **vocación.** Ya en sus mismos albores, el Antiguo Testamento presenta la pregunta apremiante de Dios: "Adán ¿dónde estás?" (Gn 3, 9). Esta llamada ya es implícitamente una invitación al retorno, al cambio de actitud interior. Es una invitación a la conversión.

Con el término "conversión" el lenguaje religioso de la Biblia indica una realidad rica y compleja. En el Antiguo Testamento, la conversión no es una idea abstracta, sino algo concreto que se manifiesta de modos diversos a lo largo de su historia. La perspectiva materna y misericordiosa del término rahamim suscita la reacción del hombre ante la provocación del amor de Dios. Si bien es cierto que Israel, a lo largo de su historia, se aleja con frecuencia del Señor, la revelación traduce la **iniciativa divina** en una constante llamada a volver a los orígenes del pacto estipulado en el Sinaí. Esta llamada se designa con el término *shub.*

El griego bíblico conoce más de setenta términos para traducir el hebreo *shub.* Este término presenta simultáneamente un significado físico y moral. El **significado físico** equivaldría a cambiar de sentido cuando se recorre una autopista; el **significado moral** es el de una inversión, un retorno de la mente y el corazón. Los sustantivos modernos como **penitencia, reconciliación, conversión, retorno...**

A la luz de la historia de Israel, caracterizada por esta dinámica de **alianza-pecado-misericordia-conversión,** la conciencia de la relación entre Israel y el Señor se revive y actualiza por medio de determinadas **ceremonias.**

- *La circuncisión.* Israel explica el origen y el significado del rito de la circuncisión no como si se tratara de un mero ritual religioso, sino trascendiendo esta perspectiva. **La circuncisión es signo de un pacto realizado entre Dios y Abraham** (cf. Gn 17, 9-14; 21, 4). Israel es un pueblo consagrado al Señor con quien vive en **alianza** (Dt 10, 12-22). La circuncisión adquiere precisamente su valor de su relación simbólica con la alianza (cf. Gn 17, 10-14), sellada en la carne con derramamiento de **sangre** (cf. Ex 4, 26). Antes de realizar la circuncisión, que **inserta plenamente en el pueblo santo,** se prepara al niño por medio de un baño purificador. Este baño ritual forma parte del rito de iniciación y se realiza en una piscina específicamente destinada para este uso *(mikvah)*. Por medio de este baño, Dios borra la impureza que obstaculizaría la participación en su santidad.

- *El Yom Kippur.* Cada año reaparece en el calendario judío una **jornada** por antonomasia **de penitencia,** fijada para el día 10 del mes *tishri* (septiembre-octubre). Es el día de la **Expiación** o *Yom Kippur.* El **sumo sacerdote,** por medio de una práctica ritual, procura conseguir el perdón de todas las culpas y pecados, liberándose de las condenas anejas a las transgresiones de la *Torah.* De este modo podrá reemprender el **camino de la comunión con Dios** (Lv 16, 30). El baño en la *mikvah* (cf. Lv 16, 4.24), que repetirá cinco veces al día, trasciende, como en el caso de la circuncisión, el significado puramente ritual, para abrirse a una **perspectiva de fe** sólo comprensible desde la óptica y el sentir hebreos. **Ese baño se considera como una regeneración espiritual y una renovación de la consagración sacerdotal.** Se trata de elevar al sumo sacerdote a un estado que le permita participar de la santidad de Dios en vista de la **ofrenda expiatoria a favor de sí mismo, de los sacerdotes y de todo Israel.**

El **momento central** de la celebración consistía en **la entronización del sumo sacerdote en el Santo de los Santos.** Allí se quemaba incienso (cf. Lv 16, 2-13) y se aspergía la sangre de un becerro y de un carnero sobre el altar de oro (cf. Lv 16, 18-19). **La sangre** era eficaz para el culto en cuanto medio a través del cual se transmite **la vida.** De ahí que, ofreciendo la sangre, se ofrecía al Señor la cosa más preciosa de la creación: la vida (cf. Lv 17, 11.14; Gn 9, 4; Dt 12, 23). Al salir del lugar, el sumo sacerdote imponía sus manos sobre la cabeza de un macho cabrío, destinado *"a Azazel",* el príncipe de los demonios, cuyo lugar de reposo los antiguos hebreos situaban en el desierto: tierra estéril donde Adonai no ejercía su acción fecundante. Al mismo tiempo que ponía las manos sobre el animal, el sacerdote hacía la confesión de los pecados por todo el pueblo como signo de la participación de toda la comunidad en la realidad del **pecado.** Este macho cabrío expiará los pecados voluntarios e involuntarios cometidos contra los preceptos de la *Torah.* Un guía conducía al macho cabrío hacia el desierto donde era arrojado por un precipicio, expresando así el **alejamiento de la iniquidad** por parte del pueblo.

La **alianza nupcial** entre Dios y su pueblo, Israel, preparó la **nueva y eterna alianza** mediante la que el Hijo de Dios, encarnándose y dando su vida, se unió en cierta manera con toda la humanidad salvada por él (*Gaudium et spes* 22). La revelación del **pecado** se inserta en el marco de la revelación de la **gracia.** La revelación del pecado no puede ser asimilada sin la predicación de la **alianza** y de la **misericordia de Dios.** Toda la profundidad y universalidad del pecado se hacen manifiestas en el poder de la gracia de Cristo (cf. Rm 5, 18; Mt 26, 28). La multiforme riqueza germinal de la revelación vetero-testamentaria en torno a la alianza alcanza en Cristo Jesús su culmen y plenitud. En él acontece aquel momento perfectivo que habían anunciado los profetas de Israel como "alianza nueva": **"cuantas promesas hay de Dios, en él tienen su sí"** (2 Co 1, 20).

2.1. Nueva alianza y pecado

La rotura del vínculo esponsal entre Israel y el Señor hiere su amor y sitúa al hombre bajo el dominio del Maligno. Estas nociones de **infidelidad, separación y alejamiento** son retomadas por los hagiógrafos del Nuevo Testamento. En sus escritos, el **pecado** es una categoría fundamental, en cuanto **clave interpretativa de la historia de la salvación:** los misterios de la **encarnación** y de la **redención** son los que iluminan y esclarecen, por sí mismos, el *magnum pietatis sacramentum* (1 Tm 3, 16). Indirectamente, ilustran también el rechazo de ese misterio de amor, en que consiste **el pecado.**

El Antiguo Testamento usaba corrientemente varias denominaciones para referirse al pecado y lo consideraba, sobre todo, como **pecados particulares,** como hechos pecaminosos; en cambio la versión de los LXX no conoce estas denominaciones especiales y las traduce casi siempre con el mismo término: *hamartía.* En los LXX, la noción de pecado se concibe como **una fuerza que aparta al hombre de Dios.** Ahora bien, mientras el judaísmo posterior, y los mismos Evangelios, continúan el vocabulario del Antiguo Testamento hebreo y hablan siempre de **pecado en plural,** san Pablo sigue el lenguaje de los LXX y habla preferentemente de pecado en singular. El pecado es para él como una fuerza, la cual parece actuar como una persona: domina (cf. Rm 5, 21), tiene servidores (cf. Rm 6, 17-20) y mata (cf. Rm 7, 11-13). La comparación entre los capítulos séptimo y octavo de la carta a los Romanos revela cuál es la esencia del pecado en san Pablo: el pecado es la ausencia del Espíritu. Siendo el Espíritu el don primordial de la nueva Alianza, **el pecado es rechazo del regalo que**

viene del amor del Padre. Sólo cuando el pecador es **bautizado en la Muerte y Resurrección de Cristo** (cf. Rm 6, 3 ss.) deviene **vencedor del pecado.**

El apóstol Juan pone de relieve la profundidad religiosa del pecado. Llama al pecado *anomía,* es decir, **realidad inicua e impía** (cf. 1 Jn 3, 4). **Jesús es "el sin pecado"** (cf. Jn 8, 46). El pecado pone al hombre en contraste con Dios: el que peca **rechaza** la **comunión con Dios** (cf. 1 Jn 1, 6) y desprecia su **filiación divina** para hacerse esclavo de Satanás (cf. 1 Jn 3, 8).

2.2. Cristo llama a la conversión y revela la misericordia del Padre

Jesús, tomando el relevo de Juan el bautista, proclama el evangelio de Dios en estos términos: **"el tiempo se ha cumplido, y el reino de Dios está cerca. Convertíos y creed en el Evangelio"** (Mc 1, 15). Se trata de una **declaración programática,** como se desprende de la posición que ocupa al inicio del Evangelio de Marcos, de su destino universal y de la terminología utilizada.

Jesús no comienza su actividad pública enseñando, predicando o curando, sino "proclamando": antes de exhortar, **anuncia.** Lo que Jesús proclama no es un simple código legal, sino el **"Evangelio de Dios":** la **oferta de salvación** es el contenido primordial de la **"buena noticia".**

- *"El tiempo se ha cumplido".* Predicando que "el tiempo se ha cumplido", Jesús anuncia que, en el largo camino escogido por Dios para llevar a cabo su plan de salvación, ha llegado ya el momento decisivo, el *kairós* que lo determina todo.

- *"El reino de Dios está cerca".* La novedad y el gozo que rezuman estas palabras invitan a entender el reino de Dios como una realidad cercana, como una irrupción definitiva en espera de su **plena consumación.** Reino de Dios quiere decir: Dios existe, Dios vive, Dios está presente y actúa en el mundo. Dios no es una "causa última" lejana. Dios no es el "gran relojero" o el "gran arquitecto" del deísmo, que montó la máquina del mundo y después se desentendió de él. Al contrario, **Dios es la realidad más presente y decisiva en cada acto de la vida, en cada momento de la historia**

- *"Convertíos".* La *metanoia* es el único imperativo dado por Jesús en su mensaje sobre el Reino. Un mensaje que se anuncia sin excepciones y se presenta con exigencia. El imperativo a "convertirse" *(metanoeite - pænitemini),* con el que Jesús se presenta, no sólo implica el **cambio en el ámbito del pensamiento** (arrepentimiento, cambio de mentalidad, cambio de dirección en la existencia), sino también el **cambio radical de conducta en la vida misma** (fidelidad a la voluntad de Dios, a sus mandamientos, al seguimiento de Cristo). Jesús transforma y supera la llamada a la conversión veterotestamentaria *(shub)* elevándola al rango de **una exigencia fundamental que deriva de la presencia del reino escatológico.** De ahí que, en el cristianismo, la conversión sea una dimensión irrenunciable de la **vida en el Espíritu.**

La *metanoia* proclamada por Jesús es un **don de la misericordia de Dios,** cuya plenitud se realiza en su persona: **Jesús es** el sumo Sacerdote **misericordioso** (cf. Hb 2, 17) y el buen pastor que sale en busca de la oveja perdida (cf. Lc 15). La conversión no es correlativa al temor y a la angustia que se experimenta ante un juez, sino respuesta al amor por parte de quien se siente bendecido por Dios y acogido como hijo. Se trata de experimentar, en todas sus consecuencias, que **sólo Dios perdona, sin mérito alguno del hombre** (Lc 17, 10). Se precisa dejarlo todo, comenzando por la **renuncia a la pretensión de salvarse por el propio esfuerzo, y abandonarse así en la misericordia de Dios, hecha carne en Jesucristo.** Conversión significa salir de la autosuficiencia, descubrir y aceptar la propia indigencia, la necesidad de los demás y la necesidad de Dios, de su perdón, de su amistad. La vida sin conversión es una indebida auto-justificación.

- *"Creed en el Evangelio".* Esta expresión es un semitismo que hace del Evangelio el objeto de la fe. En el Nuevo Testamento, la fe es asentimiento al mensaje y, en consecuencia, creer en el Evangelio es asentir con fe a la manifestación del reino de Dios, tal como éste se hace presente en la predicación de Jesús. Él encarna ese reino. **Jesús es el Evangelio de Dios y el Reino de Dios.** Cuando pide fe en el Evangelio, está pidiendo aceptar confiadamente un mensaje que él encarna en su propia persona.

Contemplar a **Jesús** como **epifanía de la misericordia del Padre** es una de las claves para comprender sus palabras y acciones. Veamos más de cerca cómo, en Jesús, llega la "buena noticia" para el hombre pecador.

- *Jesús se solidariza con la suerte del hombre.* Jesús no se adentra en la historia de los hombres desde fuera, sino que se solidariza con ella asumiéndola. No hace teoría del pecado, sino terapia del pecado. En virtud de su unión con los hombres, hay un cargar las penas de nuestros pecados a él y de su santidad a nosotros. En la pluma de Bernardo lo que nosotros recibimos en este intercambio presenta acentos elocuentes:

> "Por mi parte, lo que no puedo obtener por mí mismo, me lo usurpo con confianza del costado traspasado del Señor, porque está lleno de misericordia. Mi mérito, por eso, es la misericordia de Dios. Ciertamente, no soy pobre en lo que se refiere

a méritos, mientras siga siendo rico en misericordia. Si las misericordias del Señor son muchas, también yo tendré méritos en abundancia. ¿Qué hay, entonces, de mi santidad? Oh Señor, recordaré solo tu santidad. Pues esa es también la mía, siendo tú para mí la santidad de parte de Dios".

- Jesús acoge al pecador. Jesús no llama a la conversión desde lejos, sino que sale al encuentro del pecador para reconstituirlo en la comunión con Dios. Así sucede con Leví, con Zaqueo, con el buen ladrón, con la mujer adúltera... Lucas es, como se sabe, el evangelista de la misericordia, el que subraya la buena acogida del pecador que Jesús dispensa. En el episodio de la mujer pecadora (cf. Lc 7, 36-50), el Señor, respondiendo al fariseo, revela tener una concepción muy distinta de Dios y de su amor por los hombres.

- Jesús revela la misericordia del Padre. Las tres parábolas que Lucas recoge en el capítulo 15 de su evangelio (la oveja perdida, la dracma perdida y el hijo pródigo) presentan la misma estructura literaria: un entramado sencillo en forma de díptico "perdido-encontrado". El elemento principal es el segundo; el primero actúa de premisa necesaria. Las dos primeras parábolas tienen la misma conclusión con ligeras variantes en los términos: "habrá en el cielo mayor alegría por un pecador que se convierta que por noventa y nueve justos que no tienen necesidad de conversión" (vv. 7 y 10). La tercera parábola se divide, a su vez, en dos cuadros, cada uno de los cuales termina del mismo modo: "porque este hijo mío estaba muerto y ha vuelto a la vida, estaba perdido y ha sido encontrado" (vv. 24 y 32). Y este estribillo conclusivo se halla en correspondencia con las dos parábolas precedentes: "alegraos conmigo, porque he encontrado la oveja que se me perdió" (vv. 6 y 9).

Estos breves relieves literarios manifiestan la **alegría de Dios** por la conversión del pecador. El protagonista es siempre el Padre que se revela en Jesús. Él nos refiere, sobre todo en la parábola del hijo pródigo, su perdón y su paternal acogida: los besos expresan su perdón; el anillo, la recuperación de su condición filial; el sacrificio del ternero cebado, la alegría y la fiesta por el retorno a la casa paterna.

3. El origen en Cristo del poder de perdonar los pecados

¿Existe para el bautizado una acción eclesial destinada a la remisión de sus pecados, o bien este perdón hay que atribuirlo únicamente a la penitencia subjetiva e individual del pecador? En el Nuevo Testamento encontramos algunos pasajes que se refieren explícitamente al poder de perdonar los pecados cometidos después del Bautismo, como veremos a continuación.

Al final del episodio del paralítico (cf. Mt 9, 2-8), Mateo advierte el estupor de quienes han contemplado la curación: "al ver esto la gente se atemorizó y glorificó a Dios por haber dado tal poder (exousía) a los hombres" (v. 8). El hagiógrafo destaca que aquello que suscita la admiración del pueblo no es sólo la curación milagrosa, sino principal-mente el hecho de que **Cristo tiene el poder de perdonar los pecados.** Es un modo de testimoniar que **el poder divino de perdonar irrumpe y permanece vigente en la Iglesia.**

El Evangelio es "buena noticia" siempre. **La fuerza del pecado no se ha desvanecido del todo con la venida del Mesías, y el tiempo del perdón divino, inaugurado por Jesús, debe proseguir su andadura en la historia.** La presencia del pecado en la comunidad de los creyentes, también después del Bautismo, motivó que, muy pronto, **la Iglesia se reconociera sujeto de un doble deber: poner en guardia contra el pecado, y perdonarlo. Algunos textos evangélicos desvelan cómo la Iglesia apostólica fue asumiendo progresivamente esa conciencia.**

3.2. El poder de "atar y desatar" o de "perdonar y retener" en Mateo y Juan

El evangelio de **Mateo** presenta dos textos paralelos que, si bien se encuentran en capítulos y contextos diversos, coinciden en incluir el binomio **"atar-desatar".** **El primero** es una escena protagonizada por Jesús y Pedro, cuyo contenido es de notable importancia no sólo para el **primado de Pedro,** sino también para el **sacramento de la Penitencia.**

a) Mt 16, 17-19

El contexto inmediato de esta perícopa es la **profesión de fe en la mesianidad y filiación divina de Jesús hecha por Pedro.** La tradición ha ambientado la escena en un lugar en el que un empinado risco sobre las aguas del Jordán simboliza de forma sugestiva las palabras de Jesús acerca de la roca.

> [17] Jesús le respondió:
> Bienaventurado eres, Simón, hijo de Juan,
> porque no te ha revelado eso ni la carne ni la sangre,
> sino mi Padre que está en los cielos.
> [18] Y yo te digo que tú eres Pedro,
> y sobre esta piedra edificaré mi Iglesia,
> y las puertas del infierno no prevalecerán contra ella.
> [19] Te daré las llaves del Reino de los cielos;

y todo lo que atares sobre la tierra
quedará atado en los cielos,
y todo lo que desates sobre la tierra
quedará desatado en los cielos.

Pedro ejercerá ese poder *atando y desatando*. Es un semitismo que denota el **poder disciplinar** de **excluir de la *ekklesía* y de readmitir** en ella. **Poder supremo** como corresponde al intendente de la Casa de Dios; **poder sin restricción alguna:** "cuanto atares... cuanto desatares". Estas sentencias de Pedro serán ratificadas por Dios en el cielo.

b) Mt 18, 15-18

Interesa detenerse en los siguientes versículos:

[15] Si tu hermano peca contra ti, vete y corrígele a solas tú con él.
Si te escucha, habrás ganado a tu hermano.
[16] Si no escucha, toma entonces contigo a uno o a dos,
para que cualquier asunto quede firme por palabra de dos o tres testigos.
[17] Pero si no quiere escucharos, díselo a la Iglesia.
Si tampoco quiere escuchar a la Iglesia, tenlo por pagano y publicano.
[18] Os aseguro que todo lo que atéis en la tierra quedará atado en el cielo,
y todo lo que desatéis en la tierra quedará desatado en el cielo.

El v. 15 señala el inicio de la perícopa que alude a una falta grave, a una conducta verdaderamente represible. Pero nos preguntamos: ¿quiénes son, **en la mente de Mateo, los destinatarios del v. 18?** Algunos autores han sostenido que aquellos a quienes Jesús dirigía estas palabras y, en particular, el v. 18, son los que seguían a Jesús, es decir, **la comunidad cristiana en general.** Esta opinión se basa en que algunas parábolas contenidas en este capítulo están manifiestamente dirigidas a todos los que le seguían. Pero existen razones para afirmar que Jesús destinaba la sustancia de este capítulo **al grupo reducido de los Doce.** Esta es la exégesis que asume la **Constitución dogmática** *Lumen gentium* **(n. 22). Los ministros de la Iglesia** tienen el poder de "atar", es decir, de **pronunciar una sentencia que excluye de la comunión** a todo el que es juzgado merecedor de esa separación; y correlativamente tienen también el poder de "desatar", es decir, de revocar esa excomunión y **volver a admitir en la comunidad eclesial al pecador.**

Junto con los textos de Mateo sobre el poder de atar y desatar de la Iglesia, la tradición cristiana relaciona el perdón post-bautismal con un importante texto joánneo, al que el Concilio de Trento le concede cierta principalidad en lo relativo al origen del sacramento de la Penitencia, como veremos más adelante. **Los textos de Mateo y Juan coinciden en que ambos incluyen términos contrapuestos (atar y desatar - perdonar y retener) y ambos contemplan los mismos destinatarios del poder de perdonar: los Doce.**

c) Jn 20, 19-23

El relato de Juan se sitúa en el contexto de las apariciones pascuales de Jesús y, más concretamente, en la que tiene lugar al atardecer del domingo de Resurrección. He aquí el texto:

> ¹⁹ Al atardecer de aquel día, el siguiente al sábado,
> con las puertas del lugar donde se habían reunido los discípulos cerradas
> por miedo a los judíos, vino Jesús,
> se presentó en medio de ellos y les dijo:
> "la paz esté con vosotros".
> ²⁰ Y dicho esto les mostró las manos y el costado.
> Al ver al Señor, los discípulos se alegraron.
> ²¹ Les repitió: "la paz esté con vosotros.
> Como el Padre me envió, así os envío yo".
> ²² Dicho esto sopló sobre ellos y les dijo:
> "recibid el Espíritu Santo;
> ²³ a quienes les perdonéis los pecados, les son perdonados;
> a quienes se los retengáis, les serán retenidos.

Reunidos los discípulos. Juan menciona aquí simplemente a los **"discípulos"** (mathêtai) y **no a "los Doce":** están ausentes Tomás y Judas. En la mente de Juan, ¿se trata de una **potestad especial conferida a los discípulos como ministros jerárquicos,** que pasa después a sus sucesores, o de unos **poderes otorgados a toda la comunidad en general?** La cuestión es importante, ya que las Iglesias católica y ortodoxa consideran a los Doce destinatarios de la misión de perdonar, mientras que la tradición protestante tiende a considerar a los discípulos en general, a quienes se comunica el Espíritu.

Sopló sobre ellos. Este gesto de Cristo de alentar sobre los discípulos se expresa mediante el verbo griego *emphysan,* **"insuflar",** y evoca el **aliento de vida** *(pnoen zōēs;* Vulgata: *spiraculum vitæ)* que Dios infundió sobre el rostro de **Adán** (cf. Gn 2, 7). Juan proclama ahora simbólicamente que, lo mismo que en la **primera creación** Dios sopló un aliento de vida sobre el hombre, también Jesús en el momento de la nueva creación insufla su propio aliento sobre **los discípulos,** dándoles vida eterna. Y así en el cuarto evangelio, cuyo **prólogo** comenzaba con la creación, reaparece ahora en la **conclusión.** Esto explica que Ireneo designe a la santa humanidad del *Kyrios* "límpida fuente" del Espíritu.

Perdonar y retener los pecados. Todo lo que ha precedido al versículo 23 viene a destacar la trascendencia de estas palabras finales. El sentido del verbo *aphíemi* (perdonar) es el de una acción cuyo efecto consiste en que **el hombre recibe el perdón de sus pecados,** como en el caso de una deuda que es saldada. De hecho, el judaísmo del tiempo de Jesús expresaba el pecado bajo la metáfora de una deuda. Al comunicar a los Apóstoles su propia misión, y el Espíritu que le acompaña, Jesús les comunica *eo ipso* **el poder de perdonar los pecados.** La expresión joannea "retener los pecados" es un *hápax legomenon* en el Nuevo Testamento. La estructura antitética del binomio **"perdonar-retener"** hace que "retener" signifique algo opuesto a perdonar *(aphíemi)*. De estos presupuestos se deduce que retener equivale a imputar

Aunque el texto de Juan recoge una tradición distinta a la que presenta Mateo, nada impide comparar **el binomio mateano "atar-desatar"** con el joánneo **"perdonar-retener".** Una lectura en paralelo de ambos textos pone de manifiesto una dependencia entre ambas tradiciones a la hora de formular un poder que abarca una doble acción: de una parte, **"atar y retener";** de otra, **"desatar-perdonar".** Lo que en Mateo es atar, en Juan es retener; y lo que en Mateo es desatar, en Juan es perdonar. Mateo sitúa en primer lugar la acción de "atar".

3.3. La institución del sacramento

El estudio de los textos precedentes muestra, en síntesis, **que Jesús confía a la Iglesia un verdadero poder en orden al perdón de los pecados y que ejercen quienes han recibido esa *potestas* mediante el sacramento del Orden y guían pastoralmente la Iglesia en nombre del Señor.**

 La exégesis de esos textos no permite constatar una ritualidad determinada para conferir el perdón de los pecados destinada a los ya bautizados. **Queda abierta,** por tanto, **la cuestión del *quo modo,*** es decir, el **procedimiento para otorgar este perdón,** cuyos perfiles no aparecen descritos con detalle.

Cuando los Apóstoles predicaban la penitencia, eran conscientes de estar respondiendo a la voluntad de Cristo. Ellos expresaban la fe en su Maestro no solamente cuando concedían la remisión de los pecados bautizando, sino también **cuando excluían a los pecadores de la comunidad en nombre de Cristo de cara a su salvación para reincorporarlos después de que hubieran hecho penitencia.**

Ejercicio 1. Vocabulario

Identifica el significado de las siguientes palabras y expresiones usadas:

- Torah
- Hermenéutica
- Berith
- Diatheke
- Apostasía
- Rahamim
- Rahum
- Rehem
- Shub
- Ritual

- Mikvah
- Expiación
- Azazel
- Adonai
- Hamartía
- Anomía
- Kairós
- Metanoeite – pænitemini
- Exousía
- Mathêtai

Ejercicio 2. Guía de estudio

Contesta a las siguientes preguntas:

1. ¿Por qué la "alianza" es el tema teológicamente más significativo y más presente en los Libros inspirados?

2. ¿Cuál es la originalidad de la Biblia cuando plantea la cuestión moral del bien y del mal en relación con Dios?

3. ¿Qué significa que "La relación entre Israel y el Señor en la historia de Israel se caracteriza por una dinámica de alianza-pecado-misericordia-conversión?"

4. ¿Qué son la circuncisión y el Yom Kippur?

5. ¿Cómo se refiere predominantemente el Antiguo Testamento al pecado? ¿Cómo se concibe la noción de pecado en la Biblia de los LXX? ¿Cómo explica san Pablo el pecado? ¿De qué manera el apóstol Juan pone de relieve la profundidad religiosa del pecado?

6. Explica el significado de estas frases del Evangelio: "el tiempo se ha cumplido, y el reino de Dios está cerca. Convertíos y creed en el Evangelio" (Mc 1, 15).

7. ¿Qué es *la vida en el Espíritu*?

8. ¿Qué relación hay entre los textos de Mateo (Mt 16, 19; Mt 18, 18) y el de Juan (Jo 20, 22-23)? ¿Qué correspondencia se puede establecer entre "atar y desatar"/"perdonar-retener"?

9. ¿Quién tiene potestad para perdonar los pecados?: ¿la comunidad cristiana en general o el grupo reducido de los Doce? ¿Por qué?

10. ¿Concretó Cristo una ritualidad determinada para conferir el perdón de los pecados destinada a los ya bautizados?

Ejercicio 3. Comentario de texto

Lee los siguientes textos y haz un comentario personal utilizando los contenidos aprendidos:

"Frente al pecado, Dios se revela lleno de misericordia y no deja de llamar a los pecadores a evitar el mal, a crecer en su amor y a ayudar concretamente al prójimo en necesidad, para vivir la alegría de la gracia y no ir al encuentro de la muerte eterna. Pero la posibilidad de conversión exige que aprendamos a leer los hechos de la vida en la perspectiva de la fe, es decir, animados por el santo temor de Dios".

BENEDICTO XVI, Ángelus, ciudad del Vaticano, 7 de marzo de 2010.

* * *

"Cristo instituyó el sacramento de la Penitencia en favor de todos los miembros pecadores de su Iglesia, ante todo para los que, después del Bautismo, hayan caído en el pecado grave y así hayan perdido la gracia bautismal y lesionado la comunión eclesial. El sacramento de la Penitencia ofrece a éstos una nueva posibilidad de convertirse y de recuperar la gracia de la justificación. Los Padres de la Iglesia presentan este sacramento como "la segunda tabla (de salvación) después del naufragio que es la pérdida de la gracia" (Concilio de Trento: DS 1542; cf. Tertuliano, De paenitentia 4, 2)".

Catecismo de la Iglesia Católica 1446.

* * *

"Tú, que tienes en la tierra el poder de perdonar los pecados, perdóname para que pueda tener descanso (cf. Sal 38, 14), y para que llegue a tu presencia sin mancha, en el momento en el que sea despojada de mi cuerpo (cf. Col 2, 11), de manera que mi espíritu, santo e inmaculado (cf. Ef 5, 27), sea acogido en tus manos, «como incienso ante ti» (Sal 140, 2)".

GREGORIO DE NISA, *Vita Macrinae* 24: *SC* 178, 224.

LA PENITENCIA SACRAMENTAL EN LA TRADICIÓN DE LA IGLESIA

La Iglesia primitiva, animada por el Espíritu, vive en la santidad de la gracia pascual de Cristo sin dejar de meditar sobre los contenidos revelados concernientes al perdón de los pecados después del Bautismo. El crecimiento que se observa en su comprensión de las palabras e instituciones penitenciales, transmitidas por los Apóstoles, le permitirá estructurar el signo sagrado de la Reconciliación en fidelidad al Evangelio del Señor. En este tema exponemos, a grandes trazos, el despliegue histórico de todas las virtualidades contenidas en el Nuevo Testamento, así como el camino recorrido por la Iglesia en su experiencia del perdón post-bautismal de los pecados. Camino complejo, no exento de una cierta oscuridad en sus orígenes, debido a la carencia de fuentes documentales. Camino que evoluciona sinuosamente ya que, salvo la sustancia sacramental permanente del perdón de los pecados en la Iglesia, los modelos celebrativos y las praxis disciplinares experimentan una gran diversificación y flexibilidad, hasta hacer de esta materia una de las zonas más intrincadas de la Sacramentaria.

SUMARIO

En este tema estudiaremos el caminar histórico de la **reflexión teológica** sobre el Sacramento. El largo *iter* histórico procede cubriendo cuatro grandes periodos cuya delimitación responde a los momentos más significativos de la **evolución disciplinar del sacramento.** Estos periodos, descritos a grandes rasgos, son los siguientes: 1. La penitencia pública. 2. la confesión monástica. 3. La Escolástica. 4. El Concilio de Trento. 5. El Concilio Vaticano II y la época postconciliar.

1. La penitencia pública

Los primeros siglos de la vida de la Iglesia revisten suma importancia. Por su proximidad temporal a la época apostólica, gozan de especial autoridad para identificar el núcleo de la **Tradición apostólica** recibida. De ahí que, al explorar las raíces de la experiencia penitencial, resulte imprescindible considerar los testimonios de **los primeros escritores cristianos.** A partir de ellos, es posible seguir la acción del Espíritu en lo que ha ido realizando a lo largo del caminar histórico de la Iglesia. Del repertorio de fuentes solo señalamos las más significativas.

1.1. Los escritos post-apostólicos

Nos ocuparemos a continuación de aquellos documentos que marcan una impronta más significativa en lo concerniente a la primitiva disciplina de la **penitencia pública.**

a) La *Didaché*

Es una fuente que nos permite acercarnos a las costumbres y disciplina de la Iglesia de la **segunda mitad del siglo segundo.** La composición de los textos, no escritos por la misma pluma sino fruto de una recopilación, podría situarse entre los años 50-70 o 70-90, y su recopilación se habría efectuado entre los años 100 y 150. Refleja tradiciones de un sabor arcaico con un vocabulario semita y un desarrollo doctrinal muy elemental. La estructura de esta fuente ayuda a descubrir **el principio motor de la nueva vida en Cristo: la conciencia de la Iglesia de ser una comunidad llamada a la santidad.** Cada bautizado es elegido y convocado por Dios a la santidad. Esta condición se expresará en una **vida sacramental todavía embrionaria.** Al mismo tiempo, la Iglesia se sabe una comunidad limitada y pecadora.

La *Didaché* comienza así: **"hay dos vías; una de vida y otra de muerte..."**. La segunda Carta de Pedro había aludido a las "dos vías" para significar la vida del cristiano y las elecciones que necesariamente se le imponían (cf. 2 P 1, 2-5). De modo análogo, Mateo había acudido a la imagen de la "puerta" y del "camino": "amplia es la puerta y ancho el camino que conduce a la perdición (...), pero ¡qué angosta es la puerta y estrecho el camino que conduce a la Vida!" (Mt 7, 13-14). Era una herencia del Antiguo Testamento, que empleaba a menudo la imagen de la vía buena y mala. La **vía de la vida** consiste en la **práctica de la justicia, en la fidelidad a la verdad y en la búsqueda de la paz. La vida de la muerte** es la que siguen los **insensatos** y los **pecadores; conduce a la perdición y a la muerte.**

En la segunda parte (cap. 12-16), de marcado carácter disciplinar, la Didaché refiere **algunos aspectos que constituyen, por así decir, los comienzos de una institución penitencial post-bautismal.** Aunque no haga mención de un signo sacramental ya vigente, alude a algunos comportamientos a seguir con relación al bautizado que ha incurrido en el pecado:

> "En cuanto al domingo del Señor, una vez reunidos, partid el pan y dad gracias después de haber confesado (*paraptomata*) vuestros pecados, para que vuestro sacrificio sea puro (14, 10).
> *¡Venga la gracia y pase este mundo! Hosanna al Dios de David. ¡Si alguno es santo, venga! ¡El que no lo sea, que se convierta! Maranathá. Amen"* (10, 6).

b) *El Pastor, de Hermas*

Esta obra representa un importante testimonio de maduración en lo tocante a la vida penitencial. Se trata de una obra **compuesta** quizá en Roma **en torno al año 140.** Esta fuente deja entrever la situación de la comunidad romana en su relación con el ambiente pagano. Parece que la vida moral y ascética de la comunidad estaba perdiendo su fervor de antaño. Su autor –un literato de estilo brillante– posee una intensa preocupación moral por su comunidad a la que motiva para que retorne a los valores del Evangelio por medio de la penitencia. Hermas creía inminente el fin del mundo: la construcción de la torre se interrumpe momentáneamente para dar lugar a la penitencia; después, ya no habrá tiempo para hacerla de nuevo. La obra es justamente una **llamada a aprovechar el tiempo que se ha dado para practicar la penitencia.**

La obra se compone de tres partes -Visiones, Mandamientos y Comparaciones- recorridas por un **hilo conductor: la exhortación a la *metanoia*.** A través de un estilo apocalíptico, Hermas expresa la conciencia que posee la Iglesia de su propia santidad, recibida en el baño bautismal. Hermas **distingue entre** la remisión de los pecados *(aphesis)* **mediante el Bautismo, que es irrepetible, y la penitencia** *(metanoia)* **que el Señor estableció para los pecadores que han recaído,** y que consiste en el reconocimiento y confesión *(exomologesis)* de los propios pecados y un conjunto de obras expiatorias que el penitente realiza públicamente. Sin embargo, es difícil descubrir el genuino pensamiento de Hermas acerca de la posibilidad de una remisión de los pecados cometidos después del Bautismo:

> "Pues el Señor juró por su propia gloria por lo que toca a sus elegidos. Si después del día fijado sobreviene todavía el pecado, no tendrán salvación, pues la penitencia tiene un límite para los justos. Los días de penitencia se han acabado para todos los santos; en cambio, para los paganos hay conversión hasta el último día" (Visión 2, 2, 6).

Estas palabras podrían sugerir que no es posible la penitencia después del Bautismo. Algunos autores han pensado que pudiera tratarse de un tiempo de "jubileo", fijado por Dios y por la Iglesia, fuera del cual no sería posible el perdón. En realidad, existen textos en los que Hermas parece admitir la penitencia tras el Bautismo. En los Mandamientos, a propósito de una mujer adúltera, que se arrepiente, escribe:

> "Ciertamente. Si el marido no la recibe, peca y arrastra consigo un gran pecado. Por el contrario, es necesario que sea recibido el que ha pecado y se arrepiente; pero no muchas veces. Pues para los siervos de Dios sólo hay una penitencia" (Mandamiento 4, 1, 8).

La penitencia post-bautismal parecería, pues, posible, pero Hermas aquí la limita a una sola vez. En torno a esta severa limitación, el autor se pronuncia de modo más preciso:

> "Pero yo te digo: «después de aquella grande y santa llamada, si alguno es tentado por el diablo y peca, tiene una penitencia. Si peca continuamente y se arrepiente, es cosa inútil para tal hombre. Pues difícilmente vivirá»" (Mandamiento 4, 3, 6).

Esta llamada "grande y santa" es el Bautismo; después, la penitencia es posible una sola vez. No puede afirmarse que Hermas aluda a una liturgia penitencial. Para él, la penitencia es un diálogo entre Dios y el hombre (Visión 1, 1, 3). Sin embargo, el Pastor tiene por encargo una especial misión: acoger, por medio de la jerarquía de la Iglesia, al pecador que hace penitencia.

Las dos fuentes anteriores, **Didaché y Hermas, muestran los comienzos de la reconciliación en los dos primeros siglos.** A partir de este periodo y hasta el siglo VI se encontrarán textos más precisos y unas ciertas descripciones rituales.

Es una fuente dogmático-litúrgica proveniente de ambientes sirios, **escrita hacia la mitad del siglo III.** Suministra algunos detalles de los cuales se deduce la existencia de una evolución ampliamente extendida. La *Didascalia* **pone en manos del obispo el juicio sobre la gravedad de la culpa que el penitente le confiesa.**

> "En la cátedra de la Iglesia habla quien tiene poder de juzgar en nombre de Dios a quienes han pecado, porque a vosotros, obispos, se ha dicho en el Evangelio: «cualquier cosa que atéis en la tierra será atada en el cielo». Juzga, obispo, con autoridad como Dios, pero acoge a los penitentes con caridad como Dios" (2, 11, 2).

No se aprecian aquí trazas de la rígida disciplina de Hermas ("una sola vez"). El documento contiene una exhortación hecha al obispo que permite conocer el proceso penitencial:

> "A quienes han pecado, repréndelos, corrígelos y después álzalos perdonándoles. Si el que ha pecado se arrepiente y deplora su culpa, recíbelo. Y toda la Iglesia ore mientras tú impones las manos sobre él" (2, 18, 7).

Tras haber recibido **la imposición de la penitencia,** el pecador es excomulgado por el obispo. Aquí el término "excomulgar" se debe entender como **apartamiento de la Eucaristía,** alejamiento del altar. Esta excomunión era requerida sobre todo cuando podía darse un peligro para la santidad de los bautizados (2, 10; 1, 2). Se trataba de una **práctica ejemplar para el resto de los cristianos** (2, 17, 5; 2, 49, 4; 2, 50, 4) y era ante todo una **medida pedagógica de curación,** aplicada con discernimiento, cuando el pecador no se dejaba corregir por las amonestaciones que recibía (2, 41, 3-9).

Del texto se desprende la existencia de esta excomunión de tipo **litúrgico,** y describe suficientemente su **ritual:**

a) el pecador es **convocado ante la comunidad** y recibe una **amonestación** tras la cual queda **apartado de la asamblea** (2, 50, 4).

b) Hasta su readmisión a la comunidad, transcurre un periodo de penitencia cuya duración oscila entre tres y siete semanas, durante las cuales el pecador no es abandonado por la Iglesia; por el contrario, un diácono se ocupa de él (2, 28, 6). El pecador recibe también la visita del obispo, que le ayuda a cumplir la penitencia (1, 21, 2; 2, 40, 2); **podrá escuchar la palabra de Dios y unirse a la plegaria común una vez que haya mostrado un sincero arrepentimiento** (2, 39, 6).

c) El ritual de la reconciliación es sencillo: **el obispo impone las manos sobre la cabeza del pecador arrepentido, mientras la comunidad ora.**

Exponemos a continuación la doctrina penitencial característica de algunos autores destacados del Oriente y del Occidente cristianos siguiendo un **orden cronológico.** *Sólo es posible describir a grandes rasgos las líneas generales que verte-bran* **la doctrina patrística en torno a la remisión de los pecados y la reconciliación eclesial.** Se evita repetir aquellos temas comunes que los Padres tratan asiduamente, aún sin que exista entre sus escritos una dependencia directa.

a) Ireneo de Lyon (†c.202), siguiendo las huellas de la **doctrina paulina, excluye toda relación con el pecador** a fin de que la excomunión de la asamblea local custodie **el bien espiritual de los fieles.** Admite, sin embargo, la **reconciliación de los herejes** desde el momento en que expresen su **arrepentimiento.** Para Ireneo, la penitencia debe ser prolongada. **El cristiano debe hacer penitencia a lo largo de toda su vida.**

b) Clemente de Alejandría (†c.211). Tanto en "El Pedagogo" como en "Los tapices" (Stromata) se aprecia **una doctrina más especulativa y sistemática sobre la penitencia.** Clemente no pone ningún límite a la **misericordia de Dios** y subraya la dificultad de admitir a la penitencia a quien se estima que puede recaer en el pecado. La **excomunión,** aunque necesaria, es siempre **medicinal.** Clemente describe las **funciones del presbítero y del diácono** durante el periodo de la **conversión y enmienda** del pecador. Al final de su Quis dives salvetur, san Clemente cuenta la emotiva historia, quizá legendaria, del joven pagano que, convertido por Juan, no había tardado en pervertirse. A fuerza de paciencia, lágrimas y plegarias, el Apóstol consiguió convertirlo, es decir "devolverlo a la Iglesia" (*Ecclesiæ gremio admovere*).

c) Tertuliano (†c.220) era un jurista que, movido por el ejemplo de los mártires, se convirtió al Cristianismo y puso su extensa cultura al servicio de la fe. En el año 213, se unió a los **montanistas,** secta herética que, surgida en Frigia a finales del siglo II, se había propagado por el África cristiana, en donde tomó cuerpo su rigidismo ascético. Tal vez la extensión de esta doctrina hiciera que Agripino, predecesor de san Cipriano en la sede de Cartago, declarase en contra del montanismo: "yo perdono los pecados de adulterio y de fornicación a quienes hacen penitencia". Tertuliano, ya montanista, impugnó con dureza este edicto de Agripino, a pesar de que, **todavía cristiano, había descrito la penitencia pública como la "segunda tabla de salvación después del Bautismo".**

En su etapa cristiana, Tertuliano admitía que **todos los pecados son remisibles, incluso la apostasía y los pecados de la carne** (*De pænitentia* 4, 1; 7, 9; 8,

1). Ya montanista, comenzó a distinguir dos grandes categorías de pecados: los remisibles y los irremisibles (*De pudicitia* 2, 2-15). Los primeros pueden ser perdonados por el obispo tras una oportuna penitencia (18, 17). Entre estos pecados susceptibles de perdón, Tertuliano menciona la asistencia a espectáculos (circo, teatro, luchas de gladiadores), participar en fiestas paganas... Son los *delicta media*, o *mediocria* (1, 90; 7, 20), es decir, pecados que, aun siendo graves, se encuentran a mitad de camino entre los *delicta cotidianæ incursionis*, perdonados por la intercesión de Cristo ante el Padre (19, 23-25), y los pecados de una gravedad excepcional o *delicta ad mortem*. Éstos son irremisibles, es decir, la Iglesia carece de poder para perdonarlos. Sólo Dios los puede perdonar. Entre estos pecados, Tertuliano alude a la idolatría, el adulterio, el homicidio (5, 12), el fraude, la apostasía, la blasfemia y toda profanación del templo de Dios que es el cuerpo humano santificado por el Bautismo (19, 25). Con el paso del tiempo, **estas ideas montanistas** de Tertuliano **irán contrastando** cada vez más **con la conciencia de la Iglesia de que su potestad de perdonar se extiende a "todos" los pecados,** conforme a la amplitud de las palabras de Cristo: "os aseguro que todo lo que atéis en la tierra quedará atado en el cielo, y todo lo que desatéis en la tierra quedará desatado en el cielo". **En realidad, no hay pecado que la Iglesia no pueda perdonar.**

d) Cipriano de Cartago (†258), obispo de la sede primada de Cartago, desarrolla su doctrina penitencial con ocasión de la **persecución de Decio,** particularmente violenta. En el año 250, un edicto imperial impuso a los cristianos que se presentaran ante las autoridades y **renegaran de su fe haciendo un sacrificio a los dioses.** Algunos fieles que se negaron a obedecer al edicto fueron condenados a muerte y otros, detenidos en prisión, sobrevivieron hasta que se restableció la paz. A los primeros se les nombró **"mártires";** los segundos **"confesores".** Aunque la existencia de apóstatas no fuera nueva para la Iglesia, la persecución de Decio urgió dar una respuesta a **la cuestión de la remisión del pecado de apostasía.** La afluencia de prosélitos a la Iglesia desde finales del siglo II no había favorecido en todas partes la solidez del cristianismo. Algunos hicieron realmente sacrificios a los dioses y fueron llamados *sacrificati*; otros, sin haber sacrificado, se ganaron el favor de los funcionarios imperiales para comprar un certificado de sacrificio y fueron designados con le nombre de *libellatici*. Unos y otros constituían los *lapsi*.

La persecución fue especialmente dura en África. Amigos de Cipriano le aconsejaron ocultarse durante algunos meses fuera de la ciudad. En su ausencia, ciertos confesores, que pretendían proceder en nombre de los mártires, no sólo distribuyeron a los *lapsi* cartas de recomendación para su reconciliación (certificados de indulgencia) a título individual, sino que se abrogaron el poder de reconciliarlos con la Iglesia *(dare pacem)*. Con esta expresión –"dar la paz"– significaban el perdón que daba la Iglesia. Algunos presbíteros les admitieron sin que hicieran penitencia previa, "sin confesión ni imposición de manos por el obispo y el clero". San Cipriano protestó por carta, y negó a los confesores todo derecho de reconciliación; ellos podían recomendar nominalmente a los *lapsi* al obispo, pero sólo el obispo es competente para juzgar la causa y reconciliar a los *lapsi* con la Iglesia. Ordena que, en caso de enfermedad grave, los *lapsi* que estén haciendo penitencia sean reconciliados por un sacerdote, e incluso por un diácono, si disponen de un documento de indulgencia. Habrá que esperar -concluye- a un próximo concilio provincial para establecer normas sobre los *lapsi*. Ese **concilio** se reunió en el año 251 en Cartago, presidido por san Cipriano, y su informe constituye el tratado *De lapsis*. Los Padres sinodales determinan que los *libellatici* sean reconciliados en seguida, mientras que los *sacrificati* lo sean únicamente en el momento de la muerte. Al año siguiente **el emperador Gallo amenazó con una nueva persecución** y, ante esta coyuntura, **un nuevo Concilio** cartaginense decide reconciliar a los *lapsi* que no han dejado de hacer penitencia porque "deben estar armados para el combate que se avecina".

e) Orígenes (†253) señala **siete caminos diversos, indicados en los Evangelios,** para obtener el perdón de los pecados. Son los siguientes: el Bautismo, el martirio, la limosna, el perdón de las ofensas, convertir un pecador, la caridad abundante y la penitencia laboriosa. Sobre ésta escribe:

> "Existe también un séptimo tipo de perdón de los pecados, a decir verdad, duro y penoso, por medio de la penitencia, cuando el pecador baña su lecho con lágrimas, que, día y noche, son para él su pan; cuando no se avergüenza de manifestar su pecado al sacerdote del Señor y suplica un remedio".

Distingue entre **pecados que conducen a la muerte,** y aquellos **otros que no pueden ser perdonados** como, por ejemplo, el pecado contra el Espíritu Santo. Continuando la tradición que viene del **Pastor de Hermas,** Orígenes piensa que **el perdón puede conferirse una sola vez.** El pecador es situado fuera de la *ekklesía*. Quien ha recibido el poder de atar y desatar los pecados debe estar libre de pecado para poder ejercer su potestad eficazmente. Según el **contexto sacramental** de Orígenes, **toda la Iglesia ata y desata y todos son piedras de la Iglesia** y a todos se dijeron las palabras dirigidas a Pedro y a los Apóstoles. Pero aquí Orígenes no opone la Iglesia de los espirituales a la Iglesia de los obispos, de tal modo que, **en el ámbito eclesiológico de la penitencia, unos la realizan de un modo,** con oraciones, exhortaciones y correcciones, **y los**

obispos con la **institución penitencial, exclusiva de ellos.** En este contexto se interpretan estas frases:

> "Yo no sé cómo algunos se arrogan un poder que excede al de los mismos sacerdotes, probablemente porque no saben nada de la ciencia sacerdotal; se jactan de poder perdonar los pecados de idolatría, adulterio y homicidio, como si su oración en favor de quienes cometieron tales cosas pudiera perdonar hasta los pecados mortales".

f) Ambrosio de Milán (†397) es autor de una obra titulada *De pænitentia*. En ella recuerda que el pecador debe ofrecer a Dios plegarias, lágrimas, ayunos, limosnas... para alcanzar el perdón divino. El obispo de Milán no oculta los temores que inquietaban a los cristianos a la hora de iniciar la disciplina de la reconciliación: la *actio pænitentiæ*. **Los creyentes saben que la Iglesia perdona todos los pecados, pero la disciplina penitencial resultaba especialmente ardua en algunos supuestos.** Ambrosio constata que, ante las exigencias de la penitencia pública, algunos fieles se retraían; otros se mostraban deseosos de ser admitidos a la comunión eucarística, pero no tan deseosos de convertirse. Hay quienes aceptaban ser privados de la Eucaristía viendo precisamente en esa privación su penitencia. Otros retrasaban la penitencia para continuar cometiendo pecados hasta cuando llegase el momento de ingreso en la disciplina penitencial. Ambrosio, que fundamenta el **carácter no reiterable de la penitencia comparándola con la unicidad del Bautismo,** afirma:

> "Así como no existe más que un Bautismo, tampoco existe más que una Penitencia, al menos pública; aunque constantemente hemos de arrepentirnos de nuestros pecados, se trata de la penitencia por los pecados más leves; la otra penitencia se refiere a los pecados más graves".

La absolución de los pecados graves podía ser concedida una sola vez; para los demás pecados existía la penitencia cotidiana. San Ambrosio menciona expresamente los oculta crimina o pecados secretos entre las culpas que deben ser expiadas mediante la penitencia pública. Tras haber recordado a todos las exigencias de la Iglesia antigua, el pastor de Milán declara haber encontrado más cristianos que han conservado su propia inocencia bautismal que cristianos que hayan realizado la penitencia adecuada a sus culpas.

g) Juan Crisóstomo (†407), el gran predicador antioqueno, suscita vivamente en sus sermones la **contrición por los propios pecados.** Las lágrimas, como el agua de las lluvias y las aguas del baño de la iluminación, que limpian, son el fruto de un nuevo "bautismo" que trae la regeneración y la salvación. Así como la muerte de un ser querido lleva a hacer luto, así también la penitencia y la contrición, en cuanto pérdida del reino de los cielos, llevan al luto. Quien se ha alejado de Dios por el pecado **no** debe **desesperar de la misericordia, ni tampoco ser presuntuoso**; ambas realidades son, ellas mismas, pecado. Dios, que es Padre, no es un dios vengativo, ni cabe por tanto desesperación. A la vez, hay que hacer penitencia mientras se vive en esta tierra; después, al terminar el tiempo de merecer, no hay lugar para ella. A lo largo de su extensa predicación, el Crisóstomo alude a **diversas formas de penitencia**: la confesión de los propios pecados, como hizo el rey David, las lágrimas del arrepentimiento, la práctica de la humildad, a ejemplo del publicano del Evangelio, la limosna que es como el óleo de las vírgenes prudentes, la oración como la que hizo san Pedro tras negar a Jesús, el ayuno, concebido como un sendero a recorrer en la búsqueda de la libertad perdida. En lo relativo a la **confesión**, el antioqueno subraya que **los sacerdotes poseen el poder de perdonar los pecados y reconciliar con Dios.**

h) **Inocencio I** (†417) escribe una carta a Decencio, obispo de Gubbio, respondiendo desde Roma a las diversas cuestiones que éste le había consultado. En la carta *Si instituta*, redactada en el año 416, se menciona el modo de tratar a los penitentes y se fija el Jueves Santo como día de la reconciliación "según la costumbre de Roma". **La penitencia impuesta al pecador está en función de la gravedad de su culpa, sobre la que juzga el obispo.** Conviene ser sensible a los esfuerzos que el penitente haya realizado, pero no se le debe admitir a la reconciliación sin haber antes verificado el cumplimiento de toda la satisfacción que le hubiera sido impuesta. Si el pecador se halla en peligro de muerte, se le podrá reconciliar inmediatamente antes de la fecha de la Pascua.

Respondiendo a una duda de Exuperio de Tolosa sobre la **conducta a seguir con quienes han pecado después del Bautismo**, Inocencio I le remite la carta *Consulenti tibi*, escrita en el año 405. En ella, Inocencio le ofrece **dos posibilidades:** o conformarse con la **severidad** que se vivió en siglos anteriores, o bien mostrar una **mayor clemencia**. Durante las persecuciones era comprensible una conducta más rígida, es decir, conceder al pecador el ingreso en la penitencia, pero sin admitirle a la comunión. Aunque el tiempo de las persecuciones haya pasado -decía-, si los pecados son muy graves, no se debe otorgar al pecador la reconciliación eclesial, salvo *in extremis*.

i) **Agustín de Hipona** (†430), que vivió tan intensamente su experiencia de conversión cristiana, recoge toda la **tradición norteafricana**, según la cual **fuera de la Iglesia no existe perdón de los pecados porque falta el Espíritu Santo** que es, en última instancia, quien hace efectivo ese perdón. Introduce **un elemento nuevo** que denomina **"reato del pecado":** son las ataduras contraídas por el pecado de las que el presbítero libera al pecador penitente y arrepentido. La noción de "reato" se lee en el contexto de los sermones dedicados a la resurrección de Lázaro, cuando Agustín, aludiendo a los verbos atar y desatar, está contemplando el imperativo de Jesús: "desatadle" (Jn 11, 44). Esta noción de "reato del pecado" ejercerá un **influjo** notable en la **reflexión teológica posterior.**

En uno de sus sermones, el obispo de Hipona suministra un elenco de pecados cuya **gravedad** requiere una medicina más incisiva que sane eficazmente el corazón del hombre: idolatría, herejía, cisma, blasfemia, homicidio, adulterio, fornicación, robo, rapiña, falso testimonio, magia. Debido a la **repercusión comunitaria** que poseen estos pecados, conviene que la **penitencia pública** se realice **con intervención de la Iglesia y en presencia del pueblo.** La Iglesia **no** debe **rechazar la absolución de ningún pecado** y a quien se halla en la **desesperación** debe ofrecerle el oasis de **la penitencia:**

En el conjunto de la obra agustiniana, es posible identificar los **hitos fundamentales del proceso público de penitencia.**

- Tras la **confesión de las propias culpas,** hecha por pecador **ante el obispo** y por las cuales se había separado de la santidad innata de la Iglesia,

- se procedía a **excomulgar al penitente:** separarle provisionalmente de los sacramentos y situarle en un lugar especial, dentro de la asamblea litúrgica: el *locus pænitentiæ, locus humilitatis,* o *locus humillimæ pænitentiæ.*

- **El obispo le imponía las manos, quizá cada domingo,** y **la imposición de las obras penitenciales inauguraba un tiempo largo para la expiación de sus culpas.** A esta penitencia se podía acceder **una sola vez.** El reincidente no podía ser sometido una segunda vez a la *actio pænitentiæ.*

- Vale la pena destacar que, **cuando el pecador alcanzaba la reconciliación, recibía la** *altaris reconciliatio.*

1.3. Los concilios

La actividad conciliar en los primeros siglos de la Iglesia presenta determinaciones significativas en lo relativo a la disciplina penitencial.

a) Los concilios de **Elvira (306), Epaon (517) y Arlés (524)** legislaron sobre la penitencia de los clérigos incursos en pecados graves. Los obispos, diáconos y presbíteros que habían cometido adulterio serían recluidos en un monasterio y sólo podrán recibir la comunión como laicos. Dicho en otras palabras, los clérigos no podían ingresar en ningún caso en el *ordo pænitentium.* Tampoco se podrá ordenar a un bautizado que haya ingresado en ese *ordo*. El Concilio **I de Nicea (325)** alude a la praxis penitencial de cara sobre todo a los catecúmenos *lapsi* (can. 1015). Por haber apostatado, quizá tras la tortura, se les exige tres años de penitencia antes de entrar en comunión con la Iglesia (can 14).

b) Los concilios de **Tours (465), Vanne (465) y Orleans (511)** abordaron la disciplina de los reincidentes. Éstos serán excomulgados y no podrán participar en la vida cotidiana de la comunidad; admitirles a la mesa equivaldría a incurrir en excomunión. El concilio de **Agde (506)** concreta las condiciones de vida del penitente: en el momento en que solicite la penitencia, se le entregará el cilicio y el obispo le impondrá las manos. Los moribundos no serán privados del viático y, si sanan, serán contados entre los penitentes. Quienes fallecen de improviso sin haber completado su tiempo de penitencia y consta que el obispo les ha concedido la reconciliación, tendrán derecho a las exequias cristianas. A ninguno se le negará el viático, ni tampoco a un clérigo que lo pida en su lecho de muerte.

c) El **III Concilio de Toledo (589)** reviste particular importancia: además de previsto y organizado para dar testimonio público de la conversión de los visigodos al Catolicismo, el c. 11 constituye el primer testimonio sobre el valor sacramental de la penitencia: algunos piden ser reconciliados "por el presbítero tantas veces cuantas hayan pecado". Esto parece a los Padres conciliares *exsecrabilis præsumptio*. La pretensión de obtener la reconciliación por medio de un presbítero y el hecho de que se trate de ello en un concilio indica la extensión que había alcanzado en el pueblo cristiano la idea de la confesión y la absolución "privada". Supone, además, la praxis de esta reconciliación antes del año 586 en la Hispania visigótica.

2. La confesión monástica

A partir de la paz constantiniana, se incorporaron a la Iglesia, casi masivamente, grandes pueblos que habían sido paganos. En consecuencia, la penitencia dejó de servir como una barrera que evitara la apostasía de una comunidad cristiana minoritaria rodeada de amenazas del mundo pagano. **En el siglo VI, además, la penitencia pública ya había entrado en crisis,** debido fundamentalmente a dos razones. De una parte, muchos cristianos acabaron por alejarse de las duras pruebas de la penitencia canónica. Introdujeron la costumbre de diferirla hasta la última enfermedad. La redujeron a la confesión de los pecados, seguida de la reconciliación. De otra parte, los catecúmenos retrasaban deliberadamente el Bautismo porque temían recaer en pecados graves y verse obligados a ingresar en el *ordo pænitentium.* Con ello, los penitentes asumían una forma de vida que les impedía proseguir sus actividades y compromisos, tanto civiles como familiares: por su condición de pecadores públicos, adquirían una imagen social negativa y debían renunciar incluso al uso del matrimonio. La recepción de la penitencia y de la comunión eucarística cayeron en tal declive, que había bautizados que apenas comulgaban. Era verdaderamente un **periodo de crisis.**

El derrumbamiento del Imperio romano por las invasiones de los pueblos bárbaros facilitó que abundasen los cambios disciplinares. En este marco histórico, el siglo VII introduce un **giro decisivo en la historia de la praxis sacramental de reconciliación.** Si hasta ahora se ha podido constatar una cierta continuidad entre los diversos periodos de la historia de la penitencia, en la línea de conservar el instituto de la disciplina antigua, en esta centuria se asiste a un giro del que nacerá una praxis diferente: la forma de vivir la reconciliación sacramental será ahora **privada y reiterable.** *Nótese que* se experimenta un cambio en el **carácter público de la penitencia,** pero **no es una privatización,** puesto que la penitencia, por su misma naturaleza, no podía dejar de ser **eclesial.**

En el III Concilio de Toledo (589), a partir del cual Hispania empieza a ser oficialmente cristiana, los Padres reprueban una práctica penitencial que parece estar extendida:

> "hemos sabido que en algunas iglesias de Hispania hay personas que hacen penitencia no según los cánones, sino de manera muy indecorosa, de modo que, cada vez que se les antoja pecar, piden a un presbítero ser reconciliados. Por lo cual, para frenar tan execrable presunción, el santo Concilio prescribe que se confiera la penitencia conforme a los antiguos cánones..." (c. 11, Mansi 9, 995),

y seguidamente incluye el procedimiento, ya conocido, de la penitencia pública. No parece que este nuevo modo de celebrar la penitencia tuviera su origen en Hispania, donde estaba vigente un gran rigor por influjo de la Iglesia norteafricana. **Desde el siglo IV hay indicios de penitencia privada en Oriente,** en razón de los **monjes,** que se confesaban con un padre espiritual. Acudir a los presbíteros, no ya al obispo, era práctica institucionalizada en Constantinopla. En **Occidente,** Casiano, formado en Egipto, la introdujo y recomendó en Marsella, insistiendo en la necesidad de abrir la conciencia al padre espiritual.

En este contexto, los grandes instrumentos del cambio en la praxis penitencial fueron los **monjes irlandeses** que llegaron, en buen número, como misioneros al continente, invadido por bárbaros que eran arrianos o paganos. Desde los tiempos de san Patricio (†461), estos monjes proyectaron en las islas británicas su propia disciplina penitencial, que no era pública, sino secreta: confesión de los pecados a un monje presbítero, que imponía la penitencia proporcionada, cumplida la cual y sin haber comulgado antes, reconciliaba en secreto al penitente. Esta será la disciplina que difundirá san Columbano (†615) cuando, acompañado de otros monjes, pasó a Francia (591) realizando una intensa labor evangelizadora y fundando monasterios allí y en el norte de Italia. Otros monjes provenientes de las islas británicas evangelizaron Alemania. De este modo, **la penitencia monástica se difundió rápidamente con gran aceptación por parte del pueblo.**

Con la nueva forma de penitencia no se asiste, como dijimos, a una privatización. La penitencia seguía siendo **eclesial, aunque no pública,** ya que los monjes eran presbíteros que actuaban como párrocos y reconciliaban a los pecadores por delegación del obispo, y no cualquier obispo sino el obispo propio. Índice de este carácter eclesial es que se exigiera, como norma general, que **la acusación personal y secreta se realizara dentro del templo.** Eran evidentes las ventajas de esta reforma. La penitencia privada eludía los aspectos infamantes de la penitencia canónica y era reiterable, es decir, el pecador podía reconciliarse cuantas veces tuviera conciencia de pecado y estuviera arrepentido. Y no sólo de pecados graves, sino también leves, lo cual contribuía a disipar angustias de conciencia.

Fueron numerosos los Sínodos provinciales que lamentaron la casi completa desaparición de la penitencia pública y urgieron su restauración. Pero en estos Sínodos se trataba casi siempre de que coexistieran la **penitencia pública y la privada,** pues solían insistir en el principio de que hubiera penitencia pública para los pecados públicos y secreta para los ocultos. Bajo el influjo de Alcuino (†804), se consolidó que para los pecados de sacrilegio, parricidio y adulterio se hiciera penitencia pública solemne, cuyo rito recogerá el Pontifical Romano-Germánico (s. X). Su práctica se prolongaba durante el tiempo de Cuaresma. Existía también la penitencia pública no solemne, impuesta por el confesor, que consistía en una peregrinación penitencial a algunos lugares sagrados.

Hacia la mitad del siglo VII, la nueva disciplina estaba ya consolidada. Desde finales del siglo VIII constan fórmulas litúrgicas de absolución privada y, con ellas, una mutación en el orden de los actos: tras la **confesión e imposición de la penitencia,** venía la **absolución del presbítero** sin esperar a que el penitente cumpliera la **satisfacción. Este es el esquema que ha llegado hasta nosotros** y que refleja un **cambio de acento en cuanto a la importancia de los actos del penitente:** si, de una parte, el protagonismo pasa de la satisfacción a la contrición y a la confesión, de otra, **permanecen los mismos elementos esenciales en la estructura celebrativa.**

Comienza el nacimiento y desarrollo de la **reflexión teológica sobre el "sacramento",** contenida en las primeras *Summæ.* Dentro de su obra de madurez –la *Summa Theologiæ*–, **Santo Tomás de Aquino** (†1274) situó su tratado *De Pænitentia* en la *Tertia Pars* entre las cuestiones 84 y 90. Precisamente la redacción de la *Summa* quedó interrumpida por el fallecimiento del autor cuando sólo había escrito las primeras siete cuestiones sobre la Penitencia. El estudio de este sacramento fue completado en el *Supplementum,* redactado por su discípulo y secretario, **Reginaldo de Piperno,** encargado de completar la obra que su maestro no pudo concluir (qq. 1-28). He aquí las **claves** que vertebran el andamiaje doctrinal del Angélico sobre el sacramento de la Penitencia.

a) Tomás explicaba que los sacramentos constan de dos elementos: **materia y forma.** El **signo sacramental de la Penitencia** está integrado por los **actos del penitente** a modo de **materia,** y por la **absolución del ministro** a modo de **forma.**

b) Para santo Tomás, la **gracia divina** no llega al hombre sino por medio de la **humanidad del Verbo encarnado** *(caro cardo salutis),* de la cual los **Sacramentos** son como una **prolongación instrumental en el espacio y en el tiempo.** Sin embargo, la justificación puede tener lugar antes de la recepción del sacramento. El simple voto del sacramento es suficiente. La **contrición** es ya efecto del sacramento, el cual actúa en cierto modo de antemano, por medio del deseo que se tiene de recibirlo.

Para el caso de que el penitente sólo tuviera **atrición,** los teólogos se planteaban la cuestión de cómo lograr que de atrito pasara a ser contrito. El Doctor Angélico distingue la contrición perfecta de la atrición no por la intensidad emotiva del arrepentimiento, sino por el **amor perfecto o imperfecto** que se tenga a Dios. **El tránsito necesario de la atrición a la contrición en el sujeto la opera la recepción** *in actu* **del sacramento.** La absolución infunde la gracia en el alma del penitente atrito, que de ese modo es movido a hacer el acto de contrición sin la interposición psicológica de una disposición más perfecta.

c) Otra clave de la doctrina tomista sobre la penitencia es la causalidad instrumental, es decir, **de qué modo el sacramento causa el perdón de los pecados.** La humanidad del Hijo fue el *instrumentum coniunctum* de la divinidad para poner en acto la salvación. El **sacramento** es el *instrumentum separatum,* es decir, **prolongación instrumental en el espacio y en el tiempo de la humanidad del Verbo, por medio del cual Dios infunde la gracia del perdón en el alma del penitente.**

4. El Concilio de Trento

El Concilio de Trento (1545-1563) representa el gran esfuerzo católico del siglo XVI por ratificar la tradición de la Iglesia en aquellos puntos en que los reformadores la impugnaron. **El sacramento de la Penitencia fue uno de los grandes temas del Concilio de Trento.** La raíz del problema doctrinal suscitado por **Lutero** con relación a este sacramento consistía en **su modo de entender la justificación,** que imposibilitaba hablar de perdón eclesial en sentido estricto. La **amplia doctrina** contenida en la Sesión XIV (1551) se puede resumir en las seis siguientes cuestiones:

a) La penitencia es **uno de los signos de la nueva Alianza, instituido por Jesucristo;** es un **verdadero sacramento** del cual tienen **necesidad** para lograr la salvación todos los que hubieren caído en **pecado mortal** después de recibido el Bautismo.

b) Para la entera y perfecta remisión de los pecados se requieren **tres actos en el penitente, a manera de materia** (quasi-materia) del sacramento de la Penitencia, a saber: **contrición, confesión y satisfacción.** Se atiene al orden en que se suceden los actos en la celebración de la penitencia y menciona la absolución inmediatamente después de la confesión y antes de la satisfacción, y presenta la **absolución** como la **"forma" del sacramento.**

c) El **efecto propio** de este sacramento es la **reconciliación del pecador con Dios.** El Concilio explica la **diferencia entre la "contrición perfecta por la caridad" y la atrición.** La primera puede reconciliar al hombre antes de recibir el sacramento, pero no sin "el deseo del sacramento que en ella se incluye". La atrición "se concibe por la consideración de la fealdad del pecado y temor del infierno y sus penas".

d) En el edificio doctrinal de Trento, los dos grandes pilares del sacramento son la confesión y la absolución. El Concilio afirma que **la Iglesia practica la confesión individual de los pecados, la cual no ha sido instituida por ella.** Condena a quienes niegan que "la absolución sacramental del sacerdote no es acto judicial" y hace girar su argumentación sobre el gozne del **carácter judicial de la absolución.**

e) Para **Lutero,** un hombre, una mujer e incluso un niño podían absolver con la misma eficacia que podía hacerlo un obispo o un presbítero. Trento condena esta posición confirmando que **"sólo los sacerdotes son ministros de la absolución".**

f) Por último, aun admitiendo la posibilidad de que, por la fuerza de una intensa contrición, el penitente pueda quedar absuelto de toda la pena temporal, sin embargo, al ser perdonada la culpa grave y, consiguientemente, remitirse la correlativa pena eterna, no siempre queda remitida toda la pena temporal. De ahí la **necesidad de la satisfacción penitencial.**

5. El Concilio Vaticano II y la época postconciliar

Se abre un periodo de **renovación en la fidelidad a la tradición,** suscitada por el Concilio en la vida de la Iglesia, junto con una creciente crisis en la vivencia del sacramento. Concluido el Concilio Vaticano II y fruto de su magisterio fue la **Constitución Apostólica** *Pænitemini,* publicada por Pablo VI en el año 1966. A los nueve años de la clausura del Concilio Vaticano II, Pablo VI publicó el **Ritual de la Penitencia (1973), el nuevo libro litúrgico de la Iglesia de Rito romano.** El nuevo Ritual **recupera la dimensión eclesial de la Penitencia.** En 1983, se publica el **Código de Derecho Canónico** cuyo canon 953 señala:

> "En el sacramento de la Penitencia, los fieles que confiesan sus pecados a un ministro legítimo, arrepentidos de ellos y con propósito de enmienda, obtienen de Dios el perdón de los pecados cometidos después del Bautismo, mediante la absolución dada por el mismo ministro, y, al mismo tiempo, se reconcilian con la Iglesia, a la que hirieron al pecar".

En el mismo año 1983, Juan Pablo II escogió el tema "reconciliación y penitencia en la misión de la Iglesia" como objeto de las deliberaciones del **VI Sínodo de los Obispos** para procurar una más profunda conversión de los cristianos, conforme a lo que había pretendido el Concilio Vaticano II. Fruto de este Sínodo fue la Exhortación Apostólica *Reconciliatio et Pænitentia.*

En 1997, el **Catecismo de la Iglesia Católica,** sensible a la tradición de las Iglesias del Oriente cristiano, hace una presentación del sacramento como el primero de los signos de sanación: se trata de curar reconciliando a aquel que está enfermo por el pecado a través del proceso de la conversión y de la penitencia.

Al mismo tiempo que se afianzaba la doctrina sobre el sacramento de la Penitencia, durante los años que siguieron al Concilio Vaticano II, **la práctica del sacramento sufri**ó una grave crisis. Fueron años en los que una aguda **secularización** eclipsaba la conciencia misma de **pecado,** siendo la Penitencia un sacramento dirigido derechamente al **hombre pecador.** Se desdibujó la naturaleza del pecado destacando, por encima de su **dimensión personal,** la **vertiente socio-política y estructural.**

En estos años de crisis, resultó testimonial la disponibilidad generosa a escuchar confesiones de algunos Santos apóstoles de la confesión en la Iglesia del siglo XX como san Pío de Pietrelcina (†1968) y san Josemaría Escrivá (†1975).

Ejercicio 1. Vocabulario

Identifica el significado de las siguientes palabras y expresiones usadas:

- Tradición apostólica
- Penitencia pública
- Ritual
- Montanismo
- Mártires y confesores
- Apóstatas
- Lapsi

- Reato del pecado
- Disciplina penitencial
- Viático
- Exequias
- Atrición y contrición
- Justificación

Ejercicio 2. Guía de estudio

Contesta a las siguientes preguntas:

1. ¿Cuáles son los cinco grandes periodos de reflexión teológica de la evolución disciplinar del sacramento de la penitencia?

2. ¿En qué obras se expresan los comienzos de la reconciliación del bautizado que ha pecado después del bautismo?

3. ¿Cómo evoluciona la disciplina penitencial en los escritos apostólicos más significativos respecto a este tema?: Didaché; El Pastor de Hermas; y Didascalia apostolorum.

4. ¿Cuáles son los elementos más destacados de la doctrina penitencial en los siguientes Padres de la Iglesia?: a) Ireneo de Lyon; b) Clemente de Alejandría; c) Tertuliano; d) Cipriano de Cartago; e) Orígenes; f) Ambrosio de Milán; g) Juan Crisóstomo; h) Inocencio I; i) Agustín de Hipona.

5. ¿Por qué es importante el III Concilio de Toledo (589) en cuanto a la disciplina penitencial?

6. ¿Entre los siglos VI y VIII, cómo influyeron los monjes en la disciplina de la penitencia?

7. ¿Cuáles son los puntos nucleares de la reflexión teológica de santo Tomás sobre el sacramento de la penitencia?

8. ¿Cuál es, en resumen, la doctrina expuesta por el Concilio de Trento sobre el sacramento de la Penitencia?

9. En el Concilio Vaticano II y en la época posconciliar, se produce una renovación en fidelidad a la tradición. ¿Cuáles son los documentos más importantes referidos a la Penitencia posteriores al Concilio?

Ejercicio 3. Comentario de texto

Lee los siguientes textos y haz un comentario personal utilizando los contenidos aprendidos:

"Toda la Iglesia, como pueblo sacerdotal, actúa de diversas maneras al ejercer la tarea de reconciliación que le ha sido confiada por Dios. No sólo llama a la penitencia por la predicación de la palabra de Dios, sino que también intercede por los pecadores y ayuda al penitente con atención v solicitud maternal, para que reconozca y confiese sus pecados, y así alcance la misericordia de Dios, ya que sólo él puede perdonar los pecados. Pero, además la misma Iglesia ha sido constituida instrumento de conversión y absolución del penitente por el ministerio entregado por Cristo a los Apóstoles y a sus sucesores".

Ritual de la penitencia, Prenotanda n.º 8, 1972.

* * *

"La Iglesia, pues, observando fielmente la praxis plurisecular del Sacramento de la Penitencia -la práctica de la confesión individual, unida al acto personal de dolor y al propósito de la enmienda y satisfacción- defiende el derecho particular del alma. Es el derecho a un encuentro del hombre más personal con Cristo crucificado que perdona, con Cristo que dice, por medio del ministro del Sacramento de la Reconciliación: «tus pecados te son perdonados»; «vete y no peques más»".

JUAN PABLO II, Redemptor hominis 20.

TEMA 3

LAS RAÍCES ANTROPOLÓGICAS DE LA CONVERSIÓN LA PENITENCIA CELEBRADA

El estudio de la base antropológica sobre la que se sustenta el sacramento ha mostrado que los aspectos humanos de la penitencia son al mismo tiempo aspectos teológicos. Contemporáneamente, la Penitencia sacramental es una realidad sagrada que vive en el ámbito del misterio del culto cristiano. Como sacramento, la Penitencia es un signo sagrado cuyo significado emerge de la celebración. La tradición de la Iglesia conoce el axioma "la ley de la oración establece la ley de la fe". La consideración conjunta de estos principios impide la elaboración teológica de los sacramentos –que son signos celebrados– al margen del estudio de su acontecimiento ritual.

SUMARIO

1. El sustrato humano de la conversión · 2. Un sacramento para la sanación integral del bautizado · 3. Lectura antropológica del signo sacramental · 4. El "Ritual de la Penitencia" · 5. El dinamismo celebrativo

La aproximación antropológica pone de manifiesto cuanto de humano encierra el sacramento; especialmente, su íntima congruencia con la naturaleza caída del hombre aquejado por la nostalgia de redención.

El sacramento de la Penitencia posee un hondo enraizamiento antropológico, existencial y social. En la Penitencia, frente a la esclavitud del pecado se da una reafirmación de la libertad propia de los hijos de Dios; frente a la soledad y la separación se da una renovación de la fraternidad y de la solidaridad. Celebrar la reconciliación es, por tanto, la expresión sacramental que realiza las aspiraciones características de la santidad cristiana.

Arrepentimiento y absolución, en cuanto elementos que conforman la estructura del signo sacramental, constituyen un binomio que hunde su raíz en la ontología propia del hombre. De una parte, todo cuanto el **bautizado** aporta al signo sacramental –lo que hemos llamado actos del penitente– responde a una honda necesidad vivida por el hombre que sufre constantemente la experiencia de su fragilidad moral, frente a la cual necesita un signo propio y eficaz de perdón y reconciliación consigo mismo, con los demás y con Dios. De otra parte, **la mediación eclesial,** de la que recibe la gracia sanante del perdón, se comprende también desde su fundamento antropológico: el pecador necesita de alguien que le visibilice la remisión, que le haga sentir aquella misma experiencia que tuvieron quienes se acercaron a Jesús en busca de perdón. **Por lo que respecta al penitente, el arrepentimiento se expresa en la "contrición-confesión-satisfacción"; por lo que respecta a la Iglesia, el perdón llega al penitente por mediación del ministro que juzga y absuelve.**

1. El sustrato humano de la conversión

El **signo sacramental** de la reconciliación no constituye una excepción a ese paradigma. En él se experimenta cómo **Dios encuentra al hombre al modo humano.** El sacramento de la Penitencia es una garantía más de que **lo divino se halla ínsito en lo humano** y que **lo sensible hace diáfano lo espiritual.** Esta matriz antropológica, nacida de la *lex incarnationis* que reclama la fe, legitima el estudio de este sacramento comprendiéndolo desde la **instancia humana** y la **densidad existencial** implicada en su **celebración.**

a) Ritos de expiación y catarsis griega

La antropología cultural conoce los "ritos de expiación". Existieron en los **pueblos antiguos.** Su presencia denotaba la existencia de un hecho que había generado un estado de **enemistad entre la comunidad y la divinidad.** A menudo, esa ruptura se percibía por la aparición de una calamidad o una catástrofe natural, como síntoma indicador de que la armonía entre los hombres y la divinidad se había trastocado. La presencia de esa adversidad significaba que se había incurrido en algún "pecado", es decir: que se había violado algún "tabú", a consecuencia de lo cual se habían desencadenado las fuerzas maléficas, de las que aquél protegía; o bien que se había violado alguna de las leyes o ceremonias a las que estaba ligada la vida de la tribu. En el primer caso, el mal, que era manifestación de la fuerza funesta ya no retenida por el tabú, debía ser purgado en el cuerpo del pecador. Los tres grandes elementos purificadores eran el agua, el fuego y la sangre. Los modos de conseguir esta purgación eran muy diversos: sangrías, abluciones, vómitos... En el segundo caso, el dios del clan era aplacado por la confesión del propio pecado, seguida de una ofrenda a los difuntos, que expiaba la ofensa. De ahí que, desde la perspectiva de la antropología cultural, la confesión era, ante todo, una actitud humana liberadora. Confesar el pecado quería decir separarse, sacar fuera de uno mismo aquello que causaba el mal que se padecía.

En el mundo clásico, la experiencia de conversión estaba ligada, en cierto modo, al género teatral de la tragedia, una de las más grandes conquistas del espíritu ático. La tragedia llegó a su perfección, como forma artística, cuando la gran época de Atenas coincidió con el genio de Esquilo (†c. 456 a.C.). Sus tragedias son sobre todo lamento, puro sollozo humano. Pero este dolor tiene una finalidad didáctica: se trata de aprender por medio de la misericordia y del temor. En la tragedia, al convertirse el actor en otro, convierte también en otro al espectador. Éste revive en otro y, en ese otro, descubre y analiza sus propias virtudes y sus propios defectos. Quien acude al teatro a ver al hombre, acaba viéndose a sí mismo. Cuando ese otro se enfrenta a un tercero en el escenario, el espectador se ve también enfrentado a sus semejantes en la vida real.

Para que realmente la tragedia alcance su finalidad didáctica, Aristóteles (†322 a.C.) menciona en su "Poética" que los personajes representados deben ser similares a la audiencia, personas básicamente buenas pero no necesariamente modelos de virtud y justicia. Así, se permite al espectador identificarse más fácilmente con ellos: la contemplación de sus desgracias suscitará misericordia y del ver que individuos, buenos como él, sufren inmerecidamente brotará temor. El paso de la "prosperidad a la miseria", tan característico de la trama de la tragedia griega, se convierte así en vehículo de purificación (catarsis) colectiva de los sentimientos que anidan en el alma de los espectadores ayudándoles a ser mejores ciudadanos.

b) La conversión religiosa

Estos precedentes culturales ponen de relieve el **sustrato antropológico de la conversión,** así como la dificultad para deslindar esa noción de otras afines, y también profundamente humanas, como **purgación, expiación, cambio moral...** En sentido general, conversión implica movimiento, transformación de alguna o de todas las coordenadas que caracterizan una realidad. Puesto que el movimiento se denota por la dirección, la velocidad, la aceleración..., conversión expresa el cambio de alguno o de todos esos parámetros. En relación con la persona, supone un cambio en el modo de pensar y de obrar, en el compromiso e intensidad con que el hombre y la mujer llevan a cabo sus tareas. **En su sentido religioso, la conversión** es una realidad especialmente compleja porque constituye un **proceso dinámico** en el que intervienen diversas instancias: no sólo **la persona en todas sus dimensiones** –inteligencia, voluntad, hábitos interiores, disposiciones...– y **las circunstancias externas** que acompañan su existencia –familiares, sociales, culturales...–, sino también, y en primer orden, la misma **acción de Dios** que **invita** constantemente a la conversión por diversos caminos, y que **impulsa y sostiene la respuesta del converso.**

c) Aspectos psicológicos de la conversión

Los actos libres de cada persona construyen su **historia biográfica.** Su pasado es una fuerza que, desde el punto de vista psicológico, actúa en el presente porque nuestros actos, ya vividos, poseen la capacidad de permanecer. Muchos acontecimientos de la vida se guardan en nuestro subconsciente. Ahí reside el secreto de nuestro estado anímico o sentimental, y ahí es también donde se puede corregir.

El hombre tiene posibilidad de rectificar su interior: es el **arrepentimiento,** al que también podríamos llamar **"redención del pasado",** o **"purificación de la memoria".** El arrepentimiento **es una forma de expresión** –una de las más **poderosas–** de nuestra libertad. Todos necesitamos perdón para liberarnos de nuestras equivocaciones pasadas y comenzar de nuevo. Cuando dos amigos se perdonan mutuamente, pueden reiniciar su amistad, y cuando un país perdona a otro las culpas de la guerra, la próxima generación puede vivir en libertad. Disculpar quiere decir deshacer nudos. Cuando perdono, libero al otro y me libero a mí mismo; me curo a mí mismo de las heridas infligidas por el otro. Me desato de rencores, y pongo en mí **un nuevo comienzo.**

Nadie puede cumplir acabadamente todo aquello que su ser promete. El ser más encantador sería para nosostros un monstruo si lleváramos cuenta de cada uno de sus fallos. Cuando hablamos de **perdón,** nos referimos a un modo satisfactorio de **integrar nuestro pasado y aprender de él.** El camino que lleva al auténtico futuro es la aceptación del propio pasado. La realidad no es una columna para sentarse en ella a llorar, sino un trampolín en el que apoyar los pies para saltar hacia una realidad mejor. Todos podemos ser felices desde lo que somos. Una persona, sin embargo, a la que no se le "disculpa" su "culpa", se alejará de su autorrealización de modo creciente conforme pasa el tiempo, y su afectividad tomará entonces una deriva hacia formas diversas de tristeza, pasividad, angustia y ansiedad. Sólo mediante la exoneración de lo que hemos hecho mal podemos volver a nuestra propia identidad. El perdón es **una condición decisiva para el desarrollo psíquico del hombre.** Al perdonar alguien nos dice: "no, tú no eres así: sé quién eres; en realidad eres mucho mejor". Y entonces se comienza de nuevo. Y, aunque hayamos de morir, no hemos nacido para eso, sino para **comenzar,** justo en ese momento, **de nuevo.** El perdón es una pregustación de ese comienzo grande y pleno.

El cristiano sabe que **quien perdona es Dios. No nos regala la libertad solamente una vez,** al comienzo de nuestra vida. En tal caso, con el primer error, seríamos ya víctimas para siempre. **Dios nos regala la libertad cada vez que le pedimos perdón.** Por eso, tras la caída de los Ángeles, Dios creó a los hombres: quería tener trato con seres a quienes pudiera perdonar. Volvamos ahora sobre estos mismos planteamientos desde la fe de la Iglesia.

2. Un sacramento para la sanación integral del bautizado

El hombre es frágil a causa de un impulso profundo que lo mortifica en la capacidad de entrar en comunión con el prójimo. Abierto por naturaleza al libre flujo del compartir, siente dentro de sí una extraña fuerza de gravedad que le lleva a replegarse en sí mismo, a imponerse por encima de los demás y contra ellos: es el egoísmo, **consecuencia del pecado original.** Éste fue la causa de que, herido el hombre por la culpa, quedase también **herida su relación con Dios y con todas las criaturas.** Desde entonces, las **culpas personales** del hombre, que contrae el pecado original por naturaleza, dañan su intimidad como fuerzas que le impelen a cerrarse sobre sí mismo. El ser del hombre experimenta una íntima fractura debida a los **pecados** que comete cuando se deja arrastrar por diversas seducciones que, antes que plenificarle, le **esclavizan.** La principal incitación la constituye su propio yo, siempre proclive a desorbitarse y crecer, incluso a costa de procedimientos innobles.

"Nos hiciste, Señor, para ti y nuestro corazón está inquieto hasta que descanse en ti". Este célebre texto, con el que san Agustín inicia las *Confessiones*, muestra por qué el hombre inmerso en el pecado, pero creado para una vida celeste, puede percibir, a veces de modo inconsciente, esa voz que se alza desde el santuario de su corazón en busca de unidad y armonía. **El pecador** anhela la restauración, ansía restablecerse del deterioro sufrido y recobrar **la propia verdad interior.** Su necesidad más sentida es una sanación de su fragilidad congénita. Esta condición ha sido descrita por san Pablo con rasgos magistrales:

"Porque sé que en mí, es decir, en mi carne, no habita el bien; pues querer el bien está a mi alcance, pero ponerlo por obra no. Porque no hago el bien que quiero, sino el mal que no quiero. Y si yo hago lo que no quiero, no soy yo quien lo realiza, sino el pecado que habita en mí. Así pues, al querer yo hacer el bien encuentro esta ley: que el mal está en mí; pues me complazco en la ley de Dios según el hombre interior, pero veo otra ley en mis miembros que lucha contra la ley de mi espíritu y me esclaviza bajo la ley del pecado que está en mis miembros" (Rm 7, 18-23).

Estos versículos trazan el cuadro de **la fragilidad humana que pide sanación.** Una sanación que, a la luz del texto paulino, debe traer un restablecimiento en profundidad.

a) Las trazas del pecado

El centro interior de la persona libre no coincide con todas las zonas psicosomáticas que rodean ese centro. Las decisiones que el hombre toma con su voluntad no se imprimen necesariamente en todos los niveles de su ser. Por eso, cuando el hombre se convierte a Dios en la intimidad de sí mismo por una decisión que nace de su libertad, puede ocurrir que la conversión sea tan intensa que transforme inmediatamente al hombre entero; pero puede también ocurrir que la conversión sólo afecte al núcleo espiritual de la persona, sin que esa transformación interna invada a todo el hombre que queda, bajo muchos aspectos, todavía sin convertir, aunque se trate una conversión sincera. Le resta un largo y arduo camino por recorrer antes de que su adhesión a Dios supere todas las resistencias que opone la naturaleza y penetre en todas las esferas de su existencia.

La resistencia para transformarse verdaderamente en un hombre nuevo no proviene únicamente de las disposiciones innatas propias de la condición humana, sino que provienen también de disposiciones adquiridas que, nacidas del pecado cometido, se van consolidando a través de las culpas personales, llegando a persistir incluso después de que el pecado ha sido absuelto. El esfuerzo necesario para librarse del peso de la vida pasada es sin duda un lastre del pecado. Ciertamente, **hay en la conversión una decisión radical, hecha a**

favor de Dios, en el amor que cree y espera. Se trata de un amor a Dios sobre todas las cosas, en virtud del cual el hombre queda inmediatamente justificado. **Pero este amor debe convertirse en un amor para amar a Dios "con todo tu corazón y con todas tus fuerzas" (Lc 10, 27). Debe extenderse a todas las dimensiones del ser humano, para conseguir su propia plenitud. Esto generalmente no se realiza en un instante, sino que es resultado de un arduo y dilatado proceso de maduración en el tiempo, hasta que todas las energías del hombre se van reintegrando lentamente en la decisión fundamental de la persona.**

Lo que los Padres de Trento designaban con el nombre de "reliquias del pecado" son disposiciones psico-somáticas producidas por la acción misma del pecado, que constituyen la marca impresa en el hombre que no ha respondido a la expectativa de Dios. Es una propensión desordenada hacia las cosas creadas, que han ofrecido materia al pecado. Son como pliegues malos, comienzos de hábitos, y a veces incluso hábitos, si el pecado ha sido reiterado. Incluso un solo pecado puede ser seguido de vestigios difícilmente eliminables, producir una inclinación espontánea, una debilidad que disminuye la resistencia al mal. Estas disposiciones son la **supervivencia parcial de un desorden,** de un desarreglo que, sin duda, no es actualmente voluntario, pero que lo ha sido anteriormente. **Mientras este desorden perdure, la persona se encuentra en estado de una división que obstaculiza la armoniosa integración de sus potencias y la plena maduración de su actividad espiritual.**

Ahí es precisamente donde interviene el sacramento, rehaciendo al hombre en su ser "sinfónico", rehaciendo la cohesión y conformidad de su ser, tal y como había salido de las manos del Creador. La expresiva celebración del sacramento *(ars celebrandi)* revela su eficacia para restituir la armonía en el hombre dañado por sus pecados personales. La tradición patrística explica que, tras la caída, la Penitencia es bautismo de lágrimas mediante el cual se retorna al Paraíso en el que el Bautismo del agua introdujo al catecúmeno. Lo que constituye a la Penitencia en sacramento profundamente humano es su **congruencia con la naturaleza caída del hombre,** aquejado por la nostalgia de redención. Desde el punto de vista antropológico, la oferta del sacramento viene a satisfacer acabadamente esta íntima precariedad del hombre caído, frente a la potencia destructiva del pecado. Gracias a la Penitencia, el cristiano cuenta con un **instrumento de perdón.** Este consuelo **le llega al modo como él lo necesita, es decir, en la originalidad de su persona y para las dolencias concretas que experimenta en una coyuntura determinada.** Junto al sacramento de la Reconciliación, la penitencia interior y las indulgencias (CCE 1430 ss) contribuyen a sanar las "reliquias del pecado".

Una lectura transversal del Catecismo de la Iglesia Católica, cuando trata de la economía sacramental, muestra una particular atención a los que llama **"sacramentos de curación"**. Respecto a la Penitencia, la expresión "sacramentos de curación" remite al carácter terapéutico de este signo sagrado y subraya su genuino cimiento evangélico: "no tienen necesidad de médico los sanos, sino los enfermos" (Mt 9, 12-13). El Catecismo recupera lo **medicinal** como categoría pertinente para la comprensión antropológica de los sacramentos de la Penitencia y de la Unción de los enfermos. De este modo, participa de la sensibilidad de las Iglesias del Oriente cristiano, en las cuales está muy presente el carácter terapéutico de la penitencia:

"El Señor Jesucristo, médico de nuestras almas y de nuestros cuerpos, que perdonó los pecados al paralítico y le devolvió la salud del cuerpo, **quiso que su Iglesia continuase, con la fuerza del Espíritu Santo, su obra de curación y de salvación,** incluso en sus propios miembros. Esta es la finalidad de los dos sacramentos de curación: del sacramento de la Penitencia y de la Unción de los enfermos" (CCE 1421).

Que el sacramento pueda ser descrito como una realidad sanante o de restauración invita a penetrar en el significado que encierran estos términos. Etimológicamente, el verbo "restaurar" proviene del prefijo re- y del primitivo latino *stauro.* Restaurare significa renovar o volver a poner una cosa en aquel estado o estimación que tenía antes. En este sentido se habla de empresas de restauración, de establecimientos restaurantes... En el caso de la reconciliación, renovar, volver a construir, reponer a alguien en su prístina condición... son ideas que evocan **la pérdida de las riquezas del Bautismo a causa del pecado.** Este sacramento no suprime la fragilidad de la naturaleza humana, ya que **la nueva vida en Cristo se lleva en "vasos de barro" (2 Co 4, 7).** Por eso, desde sus inicios, **la Iglesia descubrió en el poder recibido de Cristo (Jn 20, 23) la necesidad de ofrecer a sus hijos un nuevo signo que restaurase su dignidad cuando incurren en el pecado.**

La estima del cristiano por su propio Bautismo es el primer paso para valorar la pérdida que supone haber quebrantado la alianza, y la necesidad de volverla a sellar mediante un nuevo signo sagrado. Desde esta perspectiva, se comprende la **crisis actual que atraviesa el sacramento de la Penitencia.** Responde, en buena medida, a que se trata de una realidad destinada al cristiano pecador. Es, pues, su misma naturaleza la que hoy resulta poco aceptable, ya que **la condición pecadora del hombre es una realidad escasamente asentada en la mentalidad contemporánea.**

Conviene, por tanto, detenerse en una lectura que ponga en evidencia el cimiento antropológico de todos estos elementos.

a) La contrición. Es grandeza del hombre poder reconocer su miseria. Su misma condición ontológica funda la posibilidad de retorno. El hombre no puede hacer que su historia no haya acontecido, pero sí puede retornar sobre ella, confiriéndole una nueva calificación. En este sentido, **la contrición es la base del sacramento, el núcleo de cuya verdad depende el sacramento, la aportación humana, constitutiva y primordial, del signo de la reconciliación.**

La conversión es la vuelta al amor primero. Admitir que la falsa seducción del pecado es, en efecto, mentirosa. Es la acogida fundamental con la que el hombre abre su corazón a la iniciativa divina que le invita al perdón. De ahí que la conversión resulte imprescindible tanto para la estructuración del signo, como para sus efectos de perdón y reconciliación.

El carácter sacramental y externo del fenómeno de la reconciliación exige que los elementos internos, como la conversión y el arrepentimiento, se manifiesten exteriormente, ya que también el perdón viene del exterior. **Expresar los pecados mediante palabras y gestos y recibir sensiblemente la absolución es mucho más humano y consolador que el solo arrepentimiento interior.** A esta doble exigencia antropológica de palabras y de gestos corresponden **la confesión y la satisfacción,** los dos **actos por los que el pecador manifiesta su arrepentimiento.** Confesión y satisfacción constituyen el **símbolo** a través del cual se visibiliza **la conversión del corazón** que, junto con **la absolución,** deviene **sacramento.**

b) La confesión. Desde una perspectiva personalista, la confesión, antes que un encuentro con los mandamientos de Dios, es un encuentro con el Dios de los mandamientos. Toda reconciliación humana comporta siempre un encuentro interpersonal. La divina revelación no hace sino trasladar este principio antropológico al plano de la **relación con Dios y con la Iglesia,** confiriéndole la categoría de **sacramento.**

La filosofía personalista ha puesto de relieve cómo el hombre es un ser relacional que se constituye en el diálogo. El término "diálogo" expresa la alternancia (*dia-*) del discurso (*logos*) entre dos personas. En el caso del sacramento de la Penitencia, la antropología pone de relieve la necesidad de un diálogo personal cuando el hombre busca la recomposición de su alianza con Dios, perdida por el pecado grave o dañada por el pecado leve. Cuando esa relación se rompe se precisa tender puentes. La constitución dialógica de la persona requiere intercomunicación para perdonar y ser perdonado. **En el sacramento de la Penitencia, el diálogo entre sujeto y ministro se constituye como un momento particular en ese diálogo, eminente y salvífico, que es la liturgia.**

c) La satisfacción. El hombre precisa ayuda para conseguir liberarse de las trazas dejadas por el pecado. Incluso después de la absolución, permanece una "zona oscura" resultante de las **heridas del pecado,** de la **imperfección en el amor** que suscitó el arrepentimiento y de la **debilidad de las facultades espirituales,** sobre las que sigue actuando ese foco de infección que es el pecado.

La satisfacción posterior a la absolución **"es la medicina opuesta a la enfermedad"** (RP 6c). Así fue en Zaqueo, el cual halló en Jesús lo que nadie le había dado y entonces él mismo sugirió su propia satisfacción (Lc 19, 8). Por revestir este carácter medicinal, la satisfacción se orienta en función del bien del penitente y no en forma vindicativa, pues Dios no se venga, ni la satisfacción es el precio del perdón.

d) El ministro. La cualidad **medicinal,** que caracteriza al sacramento de la Penitencia, proyecta su luz también sobre el ministro. En el sacramento, **el sacerdote es icono de Cristo arrodillado ante los pies del penitente** para prestarle el servicio de esclavo, el servicio de la purificación que le hace **capaz de Dios.** De hecho, cuando Juan escribe que Jesús "comenzó a lavar los pies a los discípulos", Orígenes interpreta este "comenzó" como que todavía no ha acabado de hacerlo; hoy los sigue limpiando a través de sus ministros. Porque **aquel modo de hacer objetivo, que tenía Cristo cuando perdonaba los pecados,** al que acompañaba también una serie de sentimientos subjetivos –amor, comprensión, consuelo, delicadeza...–, **está ahora confiado a la sacramentalidad de la Iglesia,** no sólo en el *opus operatum,* garante de la eficacia del sacramento, sino también en el *opus operantis Christi,* que discurre a través de la humanidad de los ministros de la Penitencia.

En el sacramento de la Reconciliación, el buen Pastor, mediante el rostro y la voz del sacerdote, se hace cercano a cada penitente, para entablar con él un diálogo personal hecho de escucha, de consejo, de consuelo y de perdón, porque el amor de Dios es tal que, sin descuidar a los otros, sabe concentrarse en cada uno. **Quien recibe la absolución sacramental puede sentir el calor de esta solicitud personal, la intensidad del abrazo paterno ofrecido al hijo pródigo.** Puede decirse, en este sentido, que la función curativa del ministro va más allá de la que ejercen los especialistas dedicados a las dolencias psíquicas.

Dios, que habría podido alcanzar directamente al hombre con su amor salvífico, ha querido hacerlo de manera objetiva en el ámbito de las celebraciones de la Iglesia. Por medio de su simbolismo, el hombre puede llegar al conocimiento salvífico de los misterios en los que participa porque el rito sacramental ha sido instituido, entre otras razones, *ad hominis eruditionem*. **El rito se constituye un anuncio de los aspectos fundamentales de misterio celebrado.** Estos presupuestos justifican el capítulo que ahora comienza, dedicado a la **Penitencia celebrada.**

La norma sancionada por el **Concilio Vaticano II** llevó a la redacción de un **nuevo Ritua**l para la celebración del sacramento de la Penitencia: "revísese el rito y las fórmulas de la penitencia de manera que expresen más claramente la **naturaleza y efecto del sacramento**" (*Sacrosanctum Concilium* 72). Los trabajos comenzaron en el seno del *Consilium* en el mes febrero de 1967 y se prolongaron durante siete años, recorriendo un largo y laborioso camino hasta ver la luz el primer domingo de Adviento de 1973, un año después de haberse publicado el "Ritual de la Unción y de la pastoral de enfermos".

El nuevo Ritual abre sus páginas con el Decreto de la Congregación del Culto divino donde se afirma que el Dicasterio preparó este libro litúrgico "a fin de que los fieles adquieran una **inteligencia más plena de la acción del sacramento".** Siguen los *prænotanda*, y tres capítulos dedicados respectivamente a los tres *ordines* para reconciliar a los penitentes. Un cuarto capítulo incluye una antología de textos variados que pueden emplearse en la celebración del sacramento.

a) *Los* **Prænotanda** *del Ritual*. Los *prænotanda* de los rituales emanados de la reforma litúrgica no son una codificación de las rúbricas a las que el ministro debe atenerse durante la celebración; más bien, los prenotandos del Ritual de la Penitencia realizan un **encuadre teológico del sacramento** mediante una **descripción de su función en el marco de la historia de la salvación con particular referencia a la economía trinitario-cristológica y a la mediación de la Iglesia.**

En la edición típica, los cuarenta artículos que componen esta introducción están divididos en seis grandes apartados: "El misterio de la reconciliación en la historia de la salvación" (RP1-2). "La reconciliación de los penitentes en la vida de la Iglesia" (RP 3-7). "Los oficios y ministerios en la reconciliación de los penitentes" (RP 8-11). "La celebración del sacramento de la Penitencia" (RP 12-35)."Las celebraciones penitenciales" (RP 36-37). "Adaptaciones del rito a las diversas regiones y circunstancias" (RP 38-40).

b) Los tres Ordines. Las formas celebrativas del sacramento de la Penitencia en el Rito romano son tres:

- rito para reconciliar un solo penitente *(Ordo A);*

- rito para reconciliar varios penitentes con confesión y absolución individual *(Ordo B);*

- y rito para reconciliar muchos penitentes con confesión y absolución general *(Ordo C).*

Propiamente, se trata de dos formas: individual la primera, y comunitaria la segunda, la cual, a su vez, puede celebrarse de una doble forma. **Los dos primeros ritos son la forma ordinaria de celebración; el tercero es una forma excepcional,** que no sustituye a las otras, que, como decimos, constituyen la forma ordinaria.

5. El dinamismo celebrativo

La celebración litúrgica de la Penitencia es un "lugar teológico" que requiere ser examinado en los **elementos que lo integran:** la palabra de Dios que se proclama, la eucología que se ora, los símbolos y gestos del rito. Celebrar la liturgia de la Reconciliación sacramental lleva a valorar el lugar del sacramento, las vestiduras sagradas, los gestos y las palabras sacramentales —la imposición de las manos y la absolución—, la acogida del pecador herido, la palabra de Dios, que mueve a la conversión, la reconciliación, fruto del arrepentimiento, y la despedida.

a) El espacio celebrativo. La misma configuración del espacio celebrativo es signo que **introduce en el misterio a los fieles allí reunidos.** Hay ámbito propio donde celebrar el sacramento ya que la *actio sacra* postula, en principio, un *lugar sagrado.* Y hay además una sede para oír confesiones, que será consonante con la naturaleza de esa acción. Debe responder, por una parte, a la discreción propia de la acción que se realiza; de este modo, se **favorece el diálogo sacramental y religioso entre el penitente y el ministro.** A la vez, no debe perder el carácter de lugar visible; a este fin, conviene que las sedes para el sacramento de la Penitencia no estén situadas en lugares oscuros en el interior del edificio de culto. La **rejilla,** que aparece por vez primera en el Ritual de 1614, responde a criterios prudenciales, y tiene por objeto salvaguardar la necesaria discreción, garantizando el derecho de todo fiel a confesar sus pecados sin que deba revelar necesariamente su identidad personal.

b) El tiempo litúrgico. La reconciliación de los penitentes **puede celebrarse en cualquier tiempo y día.** Razones pastorales sugieren que los fieles conozcan el día y la hora en que está disponible el sacerdote para ejercer este ministerio. El Ritual sugiere que, además de la **Cuaresma,** también el **Adviento** es un "tiempo fuerte" particularmente idóneo para organizar celebraciones penitenciales (RP 315-324).

c) La asamblea santa. El sujeto de la celebración es toda la Iglesia universal, el Cuerpo de Cristo unido a su Cabeza. Esta afirmación, que es válida especialmente para la celebración eucarística, aunque sean pocos los fieles reunidos, es también válida para **toda celebración sacramental,** incluida la reconciliación "individual" de un solo penitente.

d) Las vestiduras litúrgicas. Las vestiduras litúrgicas son otro **elemento de visibilidad conforme con el simbolismo de la liturgia.** Las Orientaciones para el Ritual del Episcopado español señalan que "los ornamentos propios para la celebración individual en la iglesia son el alba y la estola. Si se celebra en otro lugar apropiado, fuera de la iglesia, no es necesario que el ministro revista ningún ornamento" (RP 75).

e) El color. Los colores son "palabras" del **lenguaje litúrgico no-verbal que, integrándose en el lenguaje verbal, ayuda a captar los matices teológicos de la acción sacramental.** Respecto al *color* de las vestiduras litúrgicas, el antiguo Ritual prescribía "la estola de color morado, según el tiempo y las costumbres del lugar". El Ceremonial de los Obispos (1984) señala que, para celebrar el *Ordo B,* el obispo se reviste con ornamentos de **color morado o penitencial** (CE 622).

f) Los gestos. El Ritual recuerda que "son importantísimas **las acciones con que el fiel penitente participa en el sacramento,** pues sus actos **forman parte del mismo sacramento (...) ya que el pecador que se acerca a la penitencia celebra junto con el sacerdote la liturgia de la Iglesia"** (RP 11). Entre los gestos sacramentales del penitente hay que enumerar el **acto de contrición.** Se trata de un gesto al que debe darse su lugar y su significado propios en el conjunto de los ritos de la Penitencia.

El Ritual de 1614 había conservado el gesto de extender las manos sobre la cabeza de los penitentes, ya presente en las fuentes de la penitencia antigua. En el nuevo Ritual, el **significado de este gesto** lo expresan las palabras que lo acompañan: **"Dios Padre derramó el Espíritu Santo para el perdón de los pecados".** Se trata, pues, de un **gesto epiclético que remite a la comunicación del Don divino de la nueva vida en Cristo, a través de la reconciliación en su Muerte y Resurrección con el Padre y con la Iglesia.** Ese don es el santo *Pneuma* del *Kyrios.*

Ejercicio 1. Vocabulario

Identifica el significado de las siguientes palabras y expresiones usadas:

- Ontología
- Lex incarnationis
- Catarsis
- Ars celebrandi
- Opus operatum
- Opus operantis
- Catecúmeno

- Economía sacramental
- Terapéutico
- Prenotanda
- Epíclesis
- Epiclético
- Liturgia

Ejercicio 2. Guía de estudio

Contesta a las siguientes preguntas:

1. Explique el sustrato humano de la conversión.

2. ¿Qué significa que la Penitencia es un sacramento para la sanación integral del bautizado?

3. ¿Qué heridas deja el pecado en el hombre y cómo se pueden sanar?

4. ¿Cuál es el cimiento antropológico de la contrición, de la confesión, de la satisfacción y del diálogo que se produce entre el ministro del sacramento y el penitente?

5. Explique el marco teológico del sacramento de la Penitencia que se presenta en los prenotanda del Ritual de Penitencia.

6. ¿Cuáles son las tres formas celebrativas del sacramento de la Penitencia en el Rito romano?

7. ¿Cuáles son los elementos que integran la celebración litúrgica de la Penitencia?

Ejercicio 3. Comentario de texto

Lee los siguientes textos y haz un comentario personal utilizando los contenidos aprendidos:

"Vivimos en un contexto cultural marcado por la mentalidad hedonista y relativista, que tiende a eliminar a Dios del horizonte de la vida, no favorece la adquisición de un marco claro de valores de referencia y no ayuda a discernir el bien del mal y a madurar un sentido correcto del pecado. Esta situación hace todavía más urgente el servicio de administradores de la Misericordia divina. No debemos olvidar que existe una especie de círculo vicioso entre el ofuscamiento de la experiencia de Dios y la pérdida del sentido del pecado. Sin embargo, si nos fijamos en el contexto cultural en el que vivió san Juan María Vianney, vemos que, en varios aspectos, no era muy distinto del nuestro. De hecho, también en su tiempo existía una mentalidad hostil a la fe, expresada por fuerzas que incluso querían impedir el ejercicio del ministerio. En esas circunstancias, el santo cura de Ars hizo «de la iglesia su casa», para llevar a los hombres a Dios. Vivió con radicalidad el espíritu de oración, la relación personal e íntima con Cristo, la celebración de la santa misa, la adoración eucarística y la pobreza evangélica; así fue para sus contemporáneos un signo tan evidente de la presencia de Dios, que impulsó a numerosos penitentes a acercarse a su confesionario. En las condiciones de libertad en las que hoy se puede ejercer el ministerio sacerdotal, es necesario que los presbíteros vivan «de modo alto» su respuesta a la vocación, porque sólo quien es cada día presencia viva y clara del Señor puede suscitar en los fieles el sentido del pecado, infundir valentía y despertar el deseo del perdón de Dios".

Discurso de Benedicto XVI a los participantes en el curso sobre el fuero interno, organizado por la Penitenciaría apostólica, el 11.III.2010

TEMA 4

EL SIGNO SACRAMENTAL. EL PENITENTE Y SUS ACTOS. EL MINISTRO Y SUS ACTOS

Una vez determinados por el Magisterio y precisados por la teología los elementos que vertebran la estructura del signo sacramental, es oportuno detenerse sobre cada uno de ellos en particular a fin de explorar sus perfiles propios

Se comienza centrando la atención en el bautizado penitente como sujeto del sacramento, y se prosigue con el estudio de la contrición, también llamada "penitencia interior". Es un acto personalísimo del penitente, dotado de una especial verdad y profundidad, que la Iglesia conoce como pieza clave en la constitución del sacramento. Esta penitencia interior, conduce a la "penitencia exterior": la confesión y la satisfacción. Por la penitencia exterior y la absolución del ministro, que actúa en nombre de la Iglesia, queda constituido ese signo eficaz al que la Iglesia designa sacramento de la Reconciliación. El estudio discurre, por tanto, a lo largo de tres etapas: primero se estudiará la penitencia interior, luego la exterior, y, por último, la absolución.

SUMARIO

1. Los nombres de este sacramento · 2. La estructura del signo sacramental · 3. La causalidad y el carácter judicial de la Penitencia · 4. El sujeto penitente. La contrición, la confesión y la satisfacción · 5. El ministro. La absolución · 6. La tutela de la santidad del sacramento · 7. El sigilo sacramental · 8. El acompañamiento espiritual

El capítulo anterior ha puesto de relieve que la Iglesia celebra la Penitencia mediante **palabras y gestos del culto cristiano** a través de los cuales actualiza continuamente el misterio de la Reconciliación, la continua nostræ reparationis operatio. Falta ahora mostrar en qué manera **esos elementos están en la base e iluminan la reflexión dogmática sobre la Penitencia.** Con el presente capítulo, el estudio se adentra en la última etapa, la cual reviste un carácter central para la Sacramentaria: **la comprensión sistemática del sacramento.**

El orden que sigue la exposición se adecua a la que presenta el Catecismo de la Iglesia Católica (CCE 1446-1470). Éste reproduce sustancialmente el esquema escolástico, el mismo que seguiría más tarde el Decreto del Concilio de Trento, y los tratados clásicos de Penitencia que se publicarían a partir del siglo XVII: una vez estudiada la institución del sacramento en el tema 3, se abordan ahora cuestiones de notable importancia para la comprensión católica de la Reconciliación sacramental, tal y como aparecen reseñadas en el sumario. **La presentación de todos estos elementos será fiel no sólo al dato revelado. creído, celebrado y vivido por la Iglesia, sino también a la dimensión histórica y racional de la fe.**

1. Los nombres de este sacramento

Los nombres que damos a las diversas realidades expresan su identidad. Para referirse al sacramento de la Penitencia, la Tradición ofrece, al menos, tres nombres todos ellos relativos al Bautismo: "penitencia segunda", "segunda tabla de salvación tras el naufragio" (Tertuliano), y "baño de lágrimas" (Ambrosio).

El **Catecismo de la Iglesia Católica** propone, por su parte, cinco nombres para designar al sacramento. Cada uno de ellos remite a una determinada connotación de entre las diversas dimensiones presentes en el signo sagrado de la Penitencia:

a) "sacramento de la Penitencia", alude a un proceso personal de **conversión,** que implica la **reconciliación,** y culmina en el **perdón.** En este proceso interviene siempre el **hombre pecador, la Iglesia mediadora y Dios misericordioso.**

b) "sacramento de Reconciliación" se refiere al hecho de que el sacramento otorga al pecador **el amor de Dios que reconcilia por mediación de la Iglesia.**

c) "sacramento del perdón" indica la **acción gratuita y misericordiosa de Dios Padre con respecto al hijo perdido.**

d) "sacramento de la confesión" *(exomologhésis)* señala **la declaración, la confesión de los pecados ante el sacerdote,** en cuanto uno de los elementos esenciales de este sacramento. En un sentido profundo, este sacramento **es también una "confesión", es decir, homenaje de alabanza a la santidad y misericordia de Dios Padre para con el hombre pecador.**

e) "sacramento de la conversión" *(metanoia* post-bautismal) realiza sacramentalmente la llamada de Jesús a la conversión, **la vuelta al Padre del hombre que se ha alejado por el pecado.**

2. La estructura del signo sacramental

Jesucristo, confiriendo a los Doce el poder de las llaves para perdonar los pecados, dejó a su Iglesia la determinación de las formas exteriores a partir de las cuales la realidad sacramental debía expresarse para hacerse actual, viva y operante. De ahí que la historia de la reflexión doctrinal sobre la Penitencia demuestre que la cuestión decisiva ante la que los teólogos se enfrentaron fue determinar **qué elementos integran esa realidad sacramental.** El Catecismo de la Iglesia Católica expone la estructura del signo sacramental de la reconciliación cristiana en estos términos:

> "La estructura fundamental de este sacramento comprende **dos elementos** igualmente esenciales: por una parte, los **actos del hombre** que se convierte bajo la acción del Espíritu Santo, a saber, la contrición, la confesión de los pecados y la satisfacción; y por otra parte, **la acción de Dios por ministerio de la Iglesia.** Por medio del obispo y de sus presbíteros, la Iglesia en nombre de Jesucristo concede el perdón de los pecados, determina la modalidad de la satisfacción, ora también por el pecador y hace penitencia con él. Así el pecador es curado y restablecido en la comunión eclesial" (CCE 1448).

Este párrafo pone de relieve cómo el **núcleo profundo de la realidad sacramental** es una *synergia* entre el pecador y el ministerio jerárquico en vistas a la remisión de los pecados, bajo la acción del Espíritu y en virtud de los poderes que Cristo ha confiado a su Esposa.

La remisión perfecta del pecado requiere tres actos: **contrición, confesión y satisfacción.** Los tres conforman la **"quasi-materia"** del sacramento, expresión que ya se encontraba en el Decreto *pro Armenis.* La reflexión tomista interpretó la noción de "quasi-materia" como aquella que significaba una verdadera materia en el sentido hilemórfico del término, pero **no físico,** como se da en los demás sacramentos.

La forma es lo que convierte a la materia en realidad significante y operativa. En el sacramento de la Penitencia, la **materia *ex qua*, o materia próxima,** son los **actos del penitente** y la **materia *circa quam*, o materia remota, son los pecados.** La **forma** son las **palabras de la absolución,** en cuanto principio formal y perfectivo del sacramento. Entre la materia y la forma *(sacramentum tantum)* existe una unidad de significación y de eficacia. Los actos del penitente significan y producen el arrepentimiento interior o conversión *(res et sacramentum)* y la absolución es la forma del sacramento. **Ella realiza la reconciliación con Dios y con la Iglesia, es decir la gracia justificante** *(res tantum).*

3. La causalidad y el carácter judicial de la Penitencia

Preguntarse sobre la causalidad de la Penitencia equivale a plantearse **el modo en que el sacramento causa la gracia que significa.** La Iglesia cree y confiesa que la eficiencia del **misterio pascual de Cristo** alcanza y transforma la vida de los fieles a través de la celebración del sacramento de la Reconciliación. El significado y la eficacia de la Penitencia sacramental dependen del **Crucificado-Resucitado.** Por eso, la raíz de la sacramentalidad de la Penitencia hay que buscarla en la profundidad cristológica del misterio pascual. En concreto, **la causalidad de la Penitencia fluye de la eficacia salvífica de los misterios de Cristo, en los que los hombres son salvados.**

El cristiano entra en contacto sacramental con esos misterios en las celebraciones litúrgicas de la Iglesia, por medio de las cuales **se dispensa a los hombres el misterio de salvación.** Y porque el rito no suministra una memoria cualquiera de Cristo, sino **la verdad de su presencia** y, a través de ella, de su **acción eficaz por medio del Espíritu,** al Señor –dirá un Padre de la Iglesia– se le "experimenta vivo" en sus sacramentos.

En el caso de la Penitencia, la expiación de Cristo por los pecados de los hombres es una **donación de su vida de Hijo totalmente gratuita, que tiene como consecuencia la destrucción del pecado, recrear la alianza con Dios y generar una existencia filial, participada de la suya.** Esta acción salvífica de Cristo se hace presente y operante en el rito sacramental y el penitente arrepentido se la apropia participando en él.

La **estructura judicial,** inherente al signo sagrado de la Penitencia, es una cuestión nuclear en la comprensión católica de este sacramento (presentación del Motu proprio "Misericordia Dei", Intervención del Card. Ratzinger, 2 mayo 2002). En él se encuentra la idea clave para sostener lo específico de la Penitencia, a diferencia del Bautismo donde el perdón de los pecados es un puro acto de la misericordia de Dios. Además, en el carácter judicial se apoyan algunos momentos esenciales del sacramento de la Reconciliación, como son **la formalidad de la mediación eclesial y el significado de las obras de penitencia que realiza.**

Consta históricamente que el sacramento de la Penitencia ha tenido siempre la forma de una realidad judicial. Así lo muestran todas las formas en que se ha concretado el ejercicio de la Penitencia sacramental en la Iglesia a lo largo de la historia, bien se ejerciera en forma pública o en forma privada. Que este sacramento posee una matriz judicial es una de las convicciones fundamentales que enumera Juan Pablo II en *Reconciliatio et pænitentia:*

> "la segunda convicción se refiere a la «función del sacramento de la Penitencia» para quien acude a él. Éste es, según la concepción tradicional más antigua, una especie de acto «judicial»; pero dicho acto se desarrolla ante un **tribunal de misericordia,** más que de estrecha y rigurosa justicia, de modo que no es comparable, sino por analogía, con los tribunales humanos" (n. 11).

En sentido preciso ¿qué significa la expresión "estructura judicial de la Penitencia"? La sacramentaria emplea estas palabras para indicar que **la realidad de la gracia, producida por el sacramento, se da bajo la forma de un acto judicial.** Acoger al penitente **juzgando la autenticidad de su conversión y decidir su readmisión a la *ekklesía*** es una acción que presupone un juicio. En este sentido, el sacerdote pronuncia un verdadero juicio, si bien de naturaleza particular: **se trata de un juicio sacramental, que, ejercitado en virtud de los poderes confiados por Cristo a los Apóstoles, comporta el perdón divino.**

La categoría de "acto judicial" del confesor no se deduce de una definición teórica *a priori* de lo que es un juicio humano, aunque guarda con él cierta analogía: el penitente se acusa verdaderamente de sus pecados, el ministro es un verdadero juez, que emite una sentencia con autoridad, y la remisión del pecado es un auténtico acto judicial, que no se realiza arbitrariamente, sino conforme pide la naturaleza del sacramento.

4. El sujeto penitente

Ningún otro sacramento –aparte del Matrimonio– integra tanto como la Penitencia la acción del hombre en la constitución misma del signo sacramental, y, por tanto, en la verdad misma del sacramento. Sin los actos del penitente –sin todos ellos, en la medida en que puedan ser realizados– no habría sacramento.

La liturgia es acción del "Cristo total" (*Christus totus*), Cabeza y miembros. Todo sacramento es celebrado por Cristo y por la Iglesia. Por eso, el penitente, incluso cuando celebra la Penitencia conforme al *Ordo A*, no realiza una acción privada. Al contrario, se siente **miembro de la Iglesia que participa ya de la liturgia del cielo, allí donde la celebración es enteramente Comunión y Fiesta** (cf. CCE 1136). No se confiere a sí mismo el sacramento, puesto que sus actos son sólo una parte del rito integral; pero sí ejerce la acción penitencial consciente de que es un bautizado pecador, injertado en la Iglesia, que es santa, y sabedor de que con su purificación contribuye a incrementar la vitalidad de la Iglesia universal. **El ejercicio de la acción penitencial por parte del penitente es una actuación cultual ejercida conforme a su condición sacerdotal conferida por el Bautismo.** Este ejercicio es uno de los casos en que se pone particularmente de manifiesto la mutua ordenación entre ambos sacerdocios: el bautismal y el ministerial. El penitente aporta la realidad significante, que se comporta a modo de materia, y el confesor aporta el acto de Cristo y de la Iglesia, que son las palabras constitutivas de la forma. De la conjunción de ambas acciones resulta el **signo eficaz del perdón divino.**

Todo bautizado vivo que haya cometido algún pecado y que, arrepentido, lo confiese con intención de recibir del sacerdote la absolución sacramental puede recibir el sacramento. Cuando, según los criterios habituales en esta materia, cabe la posibilidad de que la muerte sea aparente, cualquier sacerdote puede impartir la **absolución *sub conditione.*** El no bautizado no es sujeto del sacramento. En caso de duda acerca del Bautismo de una persona que esté en peligro de muerte, el sacerdote le puede absolver *sub conditione*. Se da por supuesto que todo adulto es, en mayor o menor medida, pecador, ya que la Iglesia enseña que, salvo especial privilegio de Dios, nadie puede permanecer largo tiempo sin cometer algún pecado, al menos leve (DH 229 y 1549). Por consiguiente, todo cristiano adulto que se halle en peligro de muerte, incluso aunque no consiga hacer ningún signo externo de contrición, puede y debe ser absuelto *sub conditione*. Esta circunstancia extrema no exime de la necesidad ordinaria de manifestar el arrepentimiento, y el deseo de recibir la absolución para poder recibir el perdón divino y la reconciliación con la Iglesia.

"Todo fiel que haya llegado al uso de razón está obligado a confesar fielmente sus pecados graves al menos una vez al año" (CIC (1983) can. 989). La teología moral explica los modos oportunos y prudentes de ejercer el ministerio de la reconciliación con niños, ancianos, sordos, personas psíquicamente disminuidas... así como penitentes ocasionales, reincidentes, escrupulosos... **En la Iglesia, el penitente es absolutamente libre para elegir el confesor que**

desee (CIC (1983) can 991): "todo fiel tiene derecho a confesarse con el confesor legítimamente aprobado que prefiera, aunque sea de otro rito".

a) La contrición

El estudio de la contrición, así como el de las cuestiones teológicas que suscita, reviste notable importancia, pues la contrición está radicada en el núcleo mismo de la Penitencia: es el primer acto del penitente. La contrición es el punto de partida del sacramento. Toda la verdad de éste depende de ella. **Sin contrición, no hay remisión de los pecados.**

El Catecismo de la Iglesia Católica (n.1431) explica la contrición con estas palabras:

> *"La penitencia interior es una reorientación radical de toda la vida, un retorno, una conversión a Dios con todo nuestro corazón, una ruptura con el pecado, una aversión del mal, con repugnancia hacia las malas acciones que hemos cometido. Al mismo tiempo, comprende el deseo y la resolución de cambiar de vida con la esperanza de la misericordia divina y la confianza en la ayuda de su gracia. Esta conversión del corazón va acompañada de dolor y tristeza saludables que los Padres llamaron animi cruciatus* (aflicción del espíritu), *compunctio cordis* (arrepentimiento del corazón)".

Resulta significativa la mención del sustantivo *compunctio*. Primitivamente, la palabra *compunctio* es, en uso profano, un término de medicina que designa las punzadas de un dolor agudo; en el vocabulario cristiano, *compunctio* se emplea en un sentido que, aún sin perder contacto con sus orígenes, es, no obstante, más rico y elevado. **La compunción se convierte en un dolor del alma; es una acción de Dios en nosotros. Es fruto de la misericordia del Padre y de la Pasión de Cristo actualizada por el Espíritu.** Un acto por el que Dios nos despierta, un choque, una punzada, una especie de quemadura. Dios nos espolea como con un aguijón, nos punza con insistencia *(cumpungere)*, como si por medio de un trueno requiriese al alma para que ponga su atención en él.

La acción de Dios se sitúa en el corazón del pecador y se realiza mediante la inspiración del Espíritu hasta alcanzar su acabado cumplimiento a través del ministerio de sacerdote que, impersonando a Cristo, actúa en su nombre y en el de la Iglesia. Utilizando una imagen del profeta Malaquías, Dios es el fundidor sentado junto al horno. Por su parte, la actitud del penitente arrepentido es indispensable. Sin ella, la justificación es imposible.

El Concilio de Trento divide la contrición en perfecta e imperfecta (DH 1677). Esta distinción se fundamenta en la diversidad de motivos de los que proceden ambas y en la diversidad de efectos que producen. **La contrición perfecta es aquella que llega a su realización por la caridad, es decir, por el amor a**

Dios sobre todas las cosas, es decir, "por ser Él quien es y porque le amamos sobre todas las cosas"; el acto de contrición imperfecta o atrición procede de otros motivos menos elevados, pero muy a tener en cuenta, como son **el miedo al infierno o la fealdad del pecado, ya que hacen que detestemos eficazmente el pecado.** También los **efectos** de la contrición y de la atrición son **distintos:** la contrición perfecta perdona el pecado incluso antes de recibir de hecho el sacramento –basta el deseo de recibirlo–, mientras que la atrición no es suficiente para la justificación del pecador antes de la recepción del sacramento, sino que es necesario recibirlo de hecho.

Siendo esto así, cabría preguntarse: **si la contrición perfecta perdona los pecados, ¿por qué acudir al sacramento?** La respuesta es sencilla: **el acto de caridad perfecta inseparable del acto de contrición lleva consigo el deseo de acercarse a Dios por el camino que Él ha elegido.** Y ese camino es **Cristo que actúa en y a través de la Iglesia, es decir, a través del régimen económico-sacramental, manifestando sus pecados y, sobre todo, sus disposiciones interiores a la Iglesia.** El someter los pecados al juicio de la Iglesia y el cumplimiento de la satisfacción impuesta son la expresión de una genuina penitencia interior.

b) La atrición

El término atrición comienza a aparecer como expresión técnica en los tratados teológicos sobre la Penitencia a finales del siglo XII. Santo Tomás de Aquino explica la etimología de "atrición" comparándola con la etimología de contrición. Este término designa una acción material: se dice que un material es triturado (*contritus*) cuando es completamente reducido a pequeños fragmentos, pulverizado; sin embargo, un material resulta atrito cuando semejante destrucción no es total. Así como la atrición designa la destrucción imperfecta del material, así también, en el orden espiritual, la atrición designa la aniquilación imperfecta del pecado.

Por lo que atañe a la atrición, la doctrina del Concilio de Trento afirma:

> "Aquella contrición imperfecta, que se llama atrición, porque comúnmente se concibe por la consideración de la fealdad del pecado y temor del infierno y sus penas, si excluye la voluntad de pecar y va junto con la esperanza del perdón, no sólo no hace al hombre hipócrita y más pecador, sino que es un don de Dios e impulso del Espíritu Santo, que todavía no inhabita, sino que mueve solamente, y con cuya ayuda se prepara el penitente el camino para la justicia" (DH 1678).

La atrición, a diferencia de la contrición, es un arrepentimiento incompleto, imperfecto por la calidad de sus motivos. Es insuficiente, de suyo, para per-

donar los pecados, aunque vaya acompañada y completada por la voluntad de confesarse, no volver a pecar y recibir la absolución. Aunque por sí misma no perdona el pecado, la atrición, dispone al penitente a la justificación. Mientras la contrición se inspira en la caridad perfecta (amor de benevolencia), la atrición parte de la consideración de la fealdad del pecado y del temor a las penas del infierno (amor de concupiscencia). Contrición y atrición no difieren en cuanto a la intensidad del dolor, sino en cuanto a sus motivos y en cuanto a sus efectos.

El penitente, ya contrito, se encuentra justificado antes de acercarse al sacramento. En cambio, si se acerca sólo atrito, la misma gracia del sacramento lo convierte en contrito (*ex attrito fit contritus*)**, ya que Cristo, mediante la causalidad instrumental de la absolución, infunde su gracia en el alma del penitente atrito, que de ese modo es movido a hacer el acto de contrición sin la interposición psicológica de una disposición más perfecta.** Esa contrición procede de la virtud de la penitencia imperada por la virtud de la caridad virtualmente contenida en la atrición. De este modo la voluntad del penitente se reorienta hacia Dios.

c) La confesión

Con el estudio de la confesión se pasa de la **penitencia interior** al **signo exterior** del sacramento de la Penitencia. En efecto, tras haber analizado los principales aspectos de la **contrición**, resta precisar **cómo** ésta **es asumida por la Iglesia para constituir el signo sacramental. Este signo lo constituyen la confesión y la satisfacción por parte del sujeto, y la imposición de la penitencia y la absolución por parte del ministro.**

La confesión no es el sacramento de la culpabilidad, sino el sacramento del perdón. La humillación de la confesión no es autocrítica masoquista, sino la libertad de mostrar la verdad de la propia debilidad y las heridas del corazón a quien ha recibido de Cristo el poder de curarlas en su nombre.

Las palabras con las que el pecador se acusa de sus pecados en la confesión están informadas por su íntima detestación del pecado cometido. El pecador se acusa de sus pecados ante el confesor porque ya ha reconocido su propia culpa en lo hondo de su corazón. De ahí que la confesión de los pecados sea siempre un juicio de perdón. **El pecador nunca es condenado porque es él quien se condena al pecar y se salva al convertirse. En este sentido, la confesión es un acto de fe en Cristo y en su Iglesia.**

- **Necesidad**

Las prescripciones particulares de los diversos Sínodos y Concilios provinciales fueron preparando la ley general relativa a la **obligación de confesarse,** promulgada por el IV Concilio de Letrán, que estableció la norma de la confesión anual (DH 812). La legislación de la Iglesia ha sancionado esta necesidad de la confesión; el Código de Derecho Canónico la recoge en el can. 989: **"todo fiel que haya llegado al uso de razón está obligado a confesar fielmente sus pecados graves al menos una vez al año".**

- **Integridad de la confesión**

El objeto necesario y obligatorio de la confesión lo constituyen todos los pecados graves de los que se tiene conciencia tras un razonable examen. **Que el objeto necesario y obligatorio de la confesión lo constituyan todos los pecados graves de los que se tiene conciencia obedece al hecho de que sólo los pecados graves implican la privación de la gracia y de la caridad.**

- **Integridad material y formal**

Respecto a la integridad de la confesión, el Código de Derecho Canónico determina:

> "El fiel está obligado a confesar según su especie y número todos los pecados graves cometidos después del Bautismo y aún no perdonados directamente por la potestad de las lleves de la Iglesia ni acusados en confesión individual, de los cuales tenga conciencia después de un examen diligente" (CIC (1983), can. 988, §1).

Cuando no es posible la integridad material, basta con la integridad formal. Se habla de **integridad material** para referirse a **todos los pecados graves todavía no perdonados con indicación de su especie y número.** Se habla de **integridad formal** para referirse a **los pecados graves que recuerda el penitente tras un diligente examen, y habida cuenta de sus posibilidades en el momento de la confesión.**

- **La confesión de los pecados veniales**

Aunque el penitente que se confiesa de pecados veniales no es incorporado de nuevo a la Iglesia como miembro viviente, se robustece, sin embargo, en él la vida divina. En este caso, **la aniquilación de los pecados no ocurre lógicamente mediante la infusión de la gracia santificante, sino mediante el crecimiento del amor y de la gracia. Son eliminados los pecados veniales confesados con arrepentimiento.**

- **Cualidades de la confesión**

La confesión, en cuanto descubrimiento del mal con la esperanza real de su perdón y curación, se caracteriza por ser: **a) "personal":** pues la acusación no consiste en proferir un relato anónimo, ni una historia indiferente; **b) "since-ra":** los labios expresan los verdaderos sentimientos del corazón, sin aumentar, disminuir, ni disimular la culpa; **c) "prudente": la acusación se refiere exclusivamente a las propios pecados personales,** sin dar a conocer el nombre de eventuales **cómplices,** pues, de lo contrario, se incurriría en un **pecado contra la caridad por maledicencia; d) "completa",** es decir, conforme a la **integridad** que exige la Iglesia; **e) "humilde":** las actitudes de María Magdalena y del publicano en el Evangelio revelan las trazas de una confesión grata a Dios y dócil a la Iglesia.

- **La confesión frecuente**

La **doctrina de los Padres de la Iglesia sobre la vocación cristiana a la santidad ayuda a comprender la conveniencia de que el cristiano celebre frecuentemente la reconciliación sacramental.** Así, León Magno (†461) explica que el hombre lleva en su corazón una imagen de Dios. Su alma es como un espejo en el que se refleja el esplendor de la imagen divina. El pecado ensucia esa imagen empañando su luminosidad. La restauración de la imagen se realiza mediante los actos de la virtud de la penitencia –oración, ayuno, limosna...–, entre los cuales la celebración de la Penitencia reviste una singular eficacia.

Por lo que se refiere a la **periodicidad,** la frecuencia de las confesiones es una **opción discrecional.** En este punto, **la experiencia de los Santos** constituye un "lugar teológico" que permite profundizar en la doctrina; así, por ejemplo, la predicación de Josemaría Escrivá (†1975) ha iluminado un aspecto preciso: la incidencia del sacramento de la Penitencia en el robustecimiento de la vida en Cristo de quienes participan en él.

- **La satisfacción**

Ciertamente, la **confesión** sincera hecha ante el ministro expresa una **conversión eficaz** y, mediante la **absolución,** restablece al pecador en la **comunión vivificante con Dios.** Esta comunión con Dios lleva consigo el que ya no exista **"pena eterna"** que expiar. Sin embargo, en la reconciliación del pecador **en el sacramento de la penitencia, junto con la culpa y la pena eterna, no siempre se perdona toda la pena temporal.**

Por **satisfacción sacramental** se entiende las **obras de penitencia impuestas al penitente para expiar las "penas temporales" debidas por los pecados,** penas que quedan después de haberse perdonado tanto la culpa del pecado como su castigo eterno. Las "penas temporales" son las consecuencias del pecado que permanecen aún después de que las "penas eternas" hayan sido remitidas, es decir, después de que la gracia santificante haya convertido la voluntad hacia Dios.

La pena eterna y la pena temporal no deben ser concebidas como una especie de venganza, infligida por Dios desde el exterior, sino como **realidad que brota de la naturaleza misma del pecado** (CCE 1472). Tampoco la satisfacción es un precio a pagar por el pecado cometido, o por el perdón obtenido. **La satisfacción es una reparación que realiza el penitente por las secuelas que el pecado ha sedimentado sobre él.** Tal satisfacción sacramental, impuesta por el ministro, recibe su valor real de la **infinita satisfacción de Cristo.**

- **Necesidad de la satisfacción**

El pecador, confesando sus pecados al ministro del sacramento, cumple una parte importante de la expiación impuesta por la Iglesia. Resta, sin embargo, dar acabado cumplimiento a su conversión por medio de la progresiva liberación de las secuelas del pecado. Aquí es donde actúa la satisfacción: una **"penitencia complementaria"** que el sacerdote impone al penitente en nombre de la Iglesia es ocasión de que prosiga en su vida cotidiana la eliminación de las reliquias del pecado mediante un **"remedio sacramental"** específicamente orientado a la remisión de la pena temporal.

Naturaleza sacramental de la satisfacción.

La satisfacción, como **elemento integrante de la estructura fundamental del signo sagrado de la Penitencia,** es una realidad específicamente sacramental. De ahí que, si todas las obras de penitencia gozan de un valor ante Dios, especialmente lo tienen **las obras impuestas por el confesor,** ya que reciben una particular eficacia satisfactoria del mismo sacramento que se ordena a la remisión de los pecados.

- **Cualidades de la satisfacción sacramental**

En la satisfacción sacramental **lo que prevalece no es el aspecto vindicativo –asegurar la reparación del daño causado–, sino el aspecto medicinal orientado a curar y a corregir al pecador.** La satisfacción ha de ser saludable y conveniente, habida cuenta de la malicia de los pecados y de las posibilidades reales del penitente (DH 1692 y 1715).

La penitencia razonablemente impuesta por el confesor debe ser aceptada por el penitente, el cual tiene obligación de cumplirla personalmente. La obligación será grave, si la penitencia es grave. Las obras penitenciales más aptas para cumplir la función restauradora y pedagógica de la satisfacción suelen considerarse la oración, la limosna y el ayuno. Junto a esta trilogía evangélica, existen otras de indudable provecho espiritual: escuchar y meditar asiduamente la palabra de Dios, prestar personalmente ayuda a instituciones caritativas, sacrificarse en determinados aspectos costosos, prescindir del lujo y del capricho, hacer actos positivos de sociabilidad...

5. El ministro

Para completar la panorámica relativa a **la estructura del signo sacramental** de la Penitencia falta abordar la cuestión del ministro de este sacramento. En torno a esta cuestión hay que distinguir **tres puntos:** que **Cristo es el ministro de todas las acciones sacramentales de la Iglesia,** y por tanto, también de la Reconciliación; que **la Iglesia, su Esposa, ocupa un lugar vicario en esas mismas acciones** y, en consecuencia, también en la celebración de la Penitencia; y, por último, que **el ministerio sacramental se fundamenta de modo vicario en la misión de los Doce y de sus sucesores**

El ministro principal de la Penitencia –lo mismo que en los demás sacramentos– es siempre **Cristo.** La tradición teológica ha formulado las exigencias relativas a la persona del ministro de la Penitencia del siguiente modo: **el ministro del sacramento de la Penitencia es el obispo y el presbítero.** El ministerio de la Reconciliación es, por lo tanto, una acción eclesial reservada a aquellos bautizados que han recibido el **sacramento del Orden en el grado del episcopado o del presbiterado.** Respecto a los diáconos, ni siquiera en los tiempos de mayor esplendor del diaconado romano –en torno al s. IV–, los documentos doctrinales o disciplinares les atribuyen este ministerio, ni los diáconos lo pretendieron. Si en algunos textos antiguos, bastante oscuros, se mencionan confesiones hechas a diáconos, no consta que impartieran la absolución. Podrían haber actuado como delegados del obispo para la imposición de la penitencia y quizá presidieran la liturgia de la Reconciliación. En cuanto a los laicos, nunca han sido considerados ministros del sacramento de la Penitencia, ni siquiera en circunstancias de excepcional necesidad. Tanto el Oriente como el Occidente cristianos han conocido la confesión hecha a laicos, pero no en orden a obtener la absolución. Se trataba de una práctica de origen monástico, ordenada a la dirección espiritual, para fomentar la humildad y favorecer la contrición.

a) Algunos errores teológicos

En el siglo III, los **montanistas,** entre ellos Tertuliano en la última etapa de su vida, fueron considerados herejes por atribuir la potestad de perdonar los pecados a los "espirituales", fueran o no sacerdotes. Algo parecido sucede con los **novacianos:** algunos de ellos fueron más allá que los montanistas, negando que la Iglesia pudiese perdonar los pecados. Este error rebrotará siglos más tarde entre los **"hermanos del libre espíritu",** condenados por Bonifacio VIII (†1303), por atribuir también esta potestad a las mujeres de su secta (DH 866). **Wyclefitas y Hussitas,** al negar la potestad de perdonar los pecados a los sacerdotes pecadores, se la atribuyeron a determinados laicos piadosos (DH 1260 y 1262). Conforme a la doctrina vigente en **algunas comunidades protestantes,** cualquier cristiano puede declarar el perdón de los pecados cuando alguien confiesa ante él su fe fiducial en que Dios no le imputará sus pecados.

b) La facultad de confesar

Para el ejercicio del ministerio de la reconciliación sacramental se requiere que el ministro, además de la potestad de Orden, tenga facultad de ejercerla sobre los fieles a quienes imparte la absolución. En el código de derecho canónico leemos: **"para absolver válidamente de los pecados se requiere que el ministro, además de la potestad de Orden, tenga facultad de ejercerla sobre los fieles a quienes da la absolución"** (CIC (1983) can. 966 §1). En el Código se establecen las condiciones para que el ministro tenga la facultad de confesar, que concede el Ordinario, según lo estipulado en los cánones correspondientes. La finalidad que se pretende con la necesidad de tener concedida la facultad en el ejercicio del ministerio es garantizar su digno ejercicio en la reconciliación de los penitentes. **La concesión de esa facultad es la expresión jurídica de la comunión en el ejercicio del ministerio eclesial.**

c) La absolución

Sobre la absolución sacramental, el capítulo sexto de la Sesión XIV (1551) del Concilio de Trento afirma dos realidades: de una parte, la absolución del sacerdote es una *alieni beneficii dispensatio* (DH 1685), es decir, **es la concesión de un beneficio ajeno, o sea, algo que no proviene del confesor, pues otorga la gracia que remite el pecado;** de otra y dentro de la misma frase, la absolución **es a modo de un acto judicial, por el que el sacerdote, como juez, pronuncia la sentencia.**

El texto de la absolución es este:

"Dios Padre misericordioso
que reconcilió consigo al mundo por la muerte y la resurrección de su Hijo
y derramó el Espíritu Santo para la remisión de los pecados,

te conceda por el ministerio de la Iglesia,
el perdón y la paz.
Y yo te absuelvo de tus pecados
en el nombre del Padre y del Hijo y del Espíritu Santo.
Amén".

La fórmula sacramental "yo te absuelvo...", así como la tradicional imposición de la mano junto con la señal de la cruz, trazada sobre el penitente, **manifiestan que el pecador contrito y convertido recibe la poderosa misericordia de Dios.** La **santa Trinidad** se hace presente para borrar su pecado. **La fuerza salvífica de la pascua de Cristo es comunicada como misericordia más fuerte que la culpa y la ofensa.** Tras la **"muerte espiritual" del penitente,** la absolución que el sacerdote le confiere es **signo eficaz de la "resurrección"** que se actualiza cada vez que se celebra el sacramento (RetP 31.III). En este sentido, la fórmula eucológica de la absolución y el sentido epiclético de la imposición de las manos pone de manifiesto que el sacerdote, en el desempeño del ministerio de la Reconciliación, no es un psicólogo o un terapeuta, sino el **dispensador de los misterios de Dios** (cf. 1 Co 4, 1).

La absolución puede ser impartida, denegada, diferida, o dada bajo condición. Hay que darla al **penitente bien dispuesto,** negarla al **indispuesto** y retrasarla al **dudosamente dispuesto.** Todo penitente bien dispuesto –y sin óbice penal– tiene derecho a recibir la absolución del confesor legítimamente facultado. Al confesor corresponde valorar, con la debida prudencia, las debidas disposiciones del penitente. La absolución no se confiere a quienes son sujetos ciertamente incapaces o inadecuados de ella. **Son incapaces los no bautizados, los fallecidos, los ausentes... Son inadecuados quienes carecen de verdadera contrición y sincero propósito.**

El sacerdote no debe conceder la absolución si el pecador no está suficientemente dispuesto para recibir el perdón de Dios. El ministro concede la absolución al penitente de forma absoluta, sin condiciones. El confesor sólo debe negar la absolución cuando, tras haber hecho todo lo humanamente posible para llevar al pecador a sus mejores disposiciones, le consta la carencia total e irremediable de su arrepentimiento. Si tiene certeza de las buenas disposiciones del penitente, debe conferir la absolución. No obstante, algunas circunstancias podrían recomendar impartir la **absolución** *sub conditione.* Tal sucede, entre otros casos, cuando el confesor duda sobre si el penitente vive o no. En esta circunstancia, añade a la fórmula de la absolución la cláusula "si vives" *(si vivis).*

d) La absolución colectiva sin previa confesión íntegra e individual

Pueden darse circunstancias particulares de imposibilidad física o moral de realizar la confesión íntegra e individual. En esos casos, la Reconciliación también se puede celebrar conforme a lo que el *Ordo C* establece (RP 31-35) y el Código de Derecho Canónico regula (can. 960-963), como ya hemos estudiado. **El Magisterio de la Iglesia ha puesto de relieve el carácter verdaderamente excepcional de las circunstancias que legitiman la absolución colectiva, a la vez que ha recordado el precepto divino de la confesión íntegra de todos los pecados.**

El hecho de que el bautizado a quien se le perdonan los pecados graves con una absolución general deba acercarse a la confesión individual lo antes posible (CIC (1983) can. 963), suscita una pregunta: **si los pecados graves quedan perdonados con la absolución general, ¿por qué motivo deben ser confesados otra vez?** La respuesta estriba en la necesidad, fundada en el **precepto de Cristo, de la confesión íntegra de los pecados** (DH 1707). Este precepto divino, que, en este caso, quedó circunstancialmente impedido por causas externas a la confesión y contra la voluntad del sujeto, revive y continúa gravando la conciencia del penitente: éste **queda obligado a acceder cuanto antes a la confesión individual, a fin de acusarse de todos los pecados graves que aún no han sido manifestados en una confesión sacramental válida.** La Conferencia Episcopal Española confirma que, en el conjunto de su territorio, no se dan las coyunturas previsibles que constituyan casos de necesidad grave, en la que se pudiera recurrir a la absolución sacramental colectiva.

6. La tutela de la santidad del sacramento

Frente a eventuales abusos, **el Derecho de la Iglesia** custodia la santidad de la Penitencia con **penas severas,** que, conforme a la mejor tradición jurídica, sirven para **proteger los bienes del sacramento.**

Se llama lata*e sententiae* a la pena impuesta cuando se aplica inmediatamente al conculcar una ley; *ferendae sententiae* es aquella pena canónica que se aplica a través de un proceso.

El Código de Derecho Canónico contempla **cuatro delitos:**

> a) la absolución del cómplice en un pecado contra el sexto precepto del Decálogo fuera del caso de peligro de muerte se sanciona con la excomunión *latæ sententiæ* reservada a la Sede Apostólica (can. 1378, §1).

b) el atentado de oír la confesión sacramental conlleva la suspensión *latæ sententiæ,* si se trata de un clérigo, o el entredicho *latæ sententiæ,* si se trata de un laico (1378, §2).

c) la solicitación a un pecado contra el sexto precepto del Decálogo se castiga con la suspensión *ferendæ sententiæ* y, en los casos más graves, con la expulsión del estado clerical (can. 1387).

d) la falsa denuncia de solicitación a un pecado contra el sexto precepto del Decálogo se sanciona con el entredicho y suspensión *latæ sententiæ,* si se trata de un clérigo, o bien con el entredicho *latæ sententiæ,* si se trata de un laico (can. 1390, §1.).

Aunque el *Codex* (1983) no contempla la existencia de pecados reservados, sin embargo, el confesor debe conocer que la comisión de determinadas acciones ilícitas conlleva determinadas penas canónicas. Importa saber que, en caso de ser sujetos de sanciones penales, incurren en la pena de excomunión *latæ sententiæ* reservada a la Sede Apostólica:

a) quien arroja por tierra las especies consagradas, o las lleva o retiene con una finalidad sacrílega;

b) quien atenta físicamente contra el Romano Pontífice;

c) el Obispo que confiere a alguien la consagración episcopal sin mandato pontificio, así como al que recibe de él la consagración;

d) el confesor que viola directamente el sigilo sacramental;

e) el sacerdote que absuelve al cómplice en un pecado contra el sexto precepto del Decálogo;

f) quien procura el aborto, si éste se produce; en este caso la excomunión no está reservada a la Sede Apostólica.

Cuando proceda interrogar al penitente sobre los pecados contra la castidad, así como en materia de procreación responsable, el confesor, consciente de celebrar una acción sagrada *in persona Christi Capitis,* emplea una **prudente cautela,** llena de respeto y discreción. Con ocasión de las preguntas al penitente, no debe poner en peligro su propia virtud, pues **la castidad es un bien superior al logro de la integridad de la confesión.** Normalmente no es necesario que el confesor indague sobre los pecados cometidos a causa de una ignorancia invencible acerca de su malicia.

7. El sigilo sacramental

Es la principal obligación del sacerdote, después de haber escuchado la confesión del penitente. **"El confesor, sabiendo que ha conocido los secretos de la conciencia de su hermano como ministro de Dios, está obligado a guardar rigurosamente el secreto sacramental por razón de su oficio"** (RP 10d).

La legislación sobre el sigilo, canónicamente urgida por la Iglesia desde el IV Concilio de Letrán (DH 814), ha sido siempre la misma. La disciplina canónica vigente la regula de modo riguroso. La violación del sigilo implicaría un pecado de **sacrilegio** y sería, al mismo tiempo, un **grave pecado contra la justicia,** pues violaría el pacto implícito con el penitente y atentaría contra su fama.

El sigilo versa sobre todo aquello y sólo aquello que el penitente haya manifestado en orden a obtener la absolución, aunque finalmente no la obtenga o aunque la confesión sea sacrílega. El sigilo obliga para siempre y en cualquier circunstancia: aunque haya transcurrido largo tiempo desde que el penitente falleciera; aunque se sigan gravísimos males para el confesor, para otras personas o para el bien común; aunque su violación reportase grandes ventajas para la Iglesia; aunque traiga consigo la pérdida de la vida. **El sigilo no admite excepciones, porque el bien que se trata de salvaguardar es siempre de orden superior a cualquier otro.** Solamente el mismo penitente puede autorizar al confesor a revelar lo que le ha comunicado en confesión. Tal autorización nunca puede presumirse. Las confidencias hechas al confesor, fuera de la celebración del sacramento de la Penitencia, en orden a pedir consejo, no son objeto de sigilo sacramental, pero pueden obligar a mantener el secreto por derecho natural.

La violación del sigilo puede ser directa o indirecta. Es directa si el confesor manifiesta el pecado y el penitente que lo cometió. Es indirecta si de las palabras, actos u omisiones del confesor puede colegirse el pecado y el penitente que lo cometió. La violación directa del sigilo, como ya hemos notado, lleva aneja la pena de excomunión *latæ sententiæ* reservada a la Sede Apostólica; la indirecta lleva aneja una justa pena.

8. El acompañamiento espiritual

La **tarea de consejo y atención espiritual** ha ocupado siempre un lugar importante en la Iglesia, como consta en la experiencia y en los escritos de san Francisco de Sales, san Alfonso María de Ligorio, san Juan Bosco... hasta los Santos contemporáneos. Esta labor es una expresión concreta de la solicitud materna que tiene la Iglesia por sus hijos en cuanto reflejo de la providencia divina por cada hombre y por cada mujer.

La función esencial del sacerdote en el sacramento de la Penitencia –el perdón de los pecados– ha de distinguirse con toda nitidez del resto de cometidos subsidiarios que puede ejercer saludablemente en favor del penitente fuera del ámbito estrictamente sacramental. **El ministerio de la Penitencia, por desarrollarse en el ámbito sacramental, está situado en un plano diferente al de la tarea de acompañamiento espiritual y no debe confundirse con ella.** Afirmado lo cual, es preciso recordar también que **el sacramento de la Penitencia, sin ser el único cauce de guía espiritual, es un cauce importante.** En este punto resulta ilustrativa la experiencia sacerdotal de San Josemaría Escrivá (†1975), quien tuvo la honda convicción –y así lo practicó ampliamente de palabra y de obra– de que **el confesor, además de juez,** debía ser también **médico, maestro y padre** porque todo ello encierra el **oficio de buen pastor.** En este punto, así como el sacramento exige, tras su celebración, el sigilo, el acompañamiento espiritual exige la **reserva natural** acerca de todo lo que pertenece a la intimidad de la conciencia y, en general, al ámbito del acompañamiento espiritual.

El fin de la tarea de consejo espiritual consiste en que el bautizado adquiera una mayor conciencia de su **filiación divina** de modo que le **ayude a ejercer su libertad con plenitud amando y sirviendo a Dios y a los hombres conforme al Evangelio.** Se trata de una tarea especialmente necesaria frente a la actual crisis de valores, la cual tiende a generar vacío espiritual. Este **cuidado pastoral,** que ayuda a discernir los valores humanos y cristianos, se constituye sobre la base de una libre relación personal, enmarcada en la espontánea comunicabilidad humana que se vive en la sociedad. El consejo espiritual no es sino una apertura de este hecho social global a una esfera particular: la del **despliegue ante Dios y ante los hombres del germen sembrado en el Bautismo.**

Esta actividad de impulso espiritual se vive como una relación interpersonal por medio de la cual el cristiano entra en comunicación con alguien que estima, implícitamente al menos, como figura del buen Pastor. **El consejero no manda ni ordena.** No ocupa el lugar de la conciencia del aconsejado. **Ayuda y acompaña** en el discernimiento de los criterios de fondo y de los valores prácticos aplicables a la vida cotidiana aquí y ahora. Ejerce la prudencia, la paciencia, el optimismo y la confianza en la gracia divina a partir de su conocimiento y experiencia del corazón humano. Ofrece al aconsejado compañía, energía interior, consuelo, apertura de horizontes y capacidad de defensa frente a las tentaciones y a los malos ejemplos. El consejo contribuye a la unificación de la persona en Cristo. Modera las fuerzas centrífugas que amenazan esa unidad y procura situar a quien se aconseja en el camino de la conversión permanente. **El acompañamiento espiritual consiste en introducir correctamente al otro en su propia libertad.**

Por su parte, el aconsejado trata de explicar las circunstancias de su vida y de su interioridad, ejerciendo su propia libertad y personalidad. No se subordina al consejero; conserva siempre su plena libertad de decisión. **La relación entre consejero y aconsejado es un ejercicio permanente de dos libertades; actividad en la que ambos enseñan y aprenden.** Este consejo podría revestir **carácter imperativo** si el aconsejado, consciente o inconscientemente, se hallara **en una situación de grave peligro espiritual.**

La generosidad con que el sacerdote se entrega a su ministerio pastoral se concreta en unos horarios idóneos no sólo para celebrar la liturgia de la Reconciliación, sino también para desplegar una amplia y honda labor de orientación espiritual.

Ejercicio 1. Vocabulario

Identifica el significado de las siguientes palabras y expresiones usadas:

- Gratuidad de Dios
- Hilemórfico
- Sacramentum tantum
- Res et sacramentum

Ejercicio 2. Guía de estudio

Contesta a las siguientes preguntas:

1. ¿Cuáles son los nombres que propone el Catecismo de la Iglesia Católica para designar este sacramento? ¿A qué dimensión del signo sagrado del sacramento hace referencia cada uno de esos nombres?
2. ¿Cuál es la materia y la forma (próxima y remota) del signo sacramental de la reconciliación?
3. ¿De qué modo el sacramento causa la gracia que significa?
4. El carácter judicial de la Penitencia.
5. ¿En qué circunstancias se puede impartir la absolución *sub conditione?*

Ejercicio 3. Comentario de texto

Lee los siguientes textos y haz un comentario personal utilizando los contenidos aprendidos:

"Habéis sido lavados [...] habéis sido santificados, [...] habéis sido justificados en el nombre del Señor Jesucristo y por el Espíritu de nuestro Dios" (1 Co 6,11).

* * *

"San Ambrosio dice acerca de las dos conversiones que, «en la Iglesia, existen el agua y las lágrimas: el agua del Bautismo y las lágrimas de la Penitencia»".

Epistula extra collectionem 1 [41], 12.

* * *

"Tengamos los ojos fijos en la sangre de Cristo y comprendamos cuán preciosa es a su Padre, porque, habiendo sido derramada para nuestra salvación, ha conseguido para el mundo entero la gracia del arrepentimiento".

San Clemente Romano, Epistula ad Corinthios 7, 4.

TEMA 5

LOS EFECTOS DEL SACRAMENTO Y LAS INDULGENCIAS

Preguntarse por los efectos del sacramento de la Penitencia equivale a indagar sobre la gracia específica que este signo sagrado confiere. Esa pregunta introduce a quien se la formula en una región inédita, pues la gracia es, de suyo, gratuita, y de ese modo hay que recibirla, celebrarla, experimentarla y anunciarla. Se trata, por tanto, de contemplar el don de Dios que el pecador arrepentido y confesado acoge y con el cual coopera. Un don que precisamente da nombre al sacramento y que, con palabras recuperadas de la Iglesia antigua por el Ritual de la Penitencia, se designa como "reconciliación".

SUMARIO

1. La reconciliación con Dios · 1.1 El perdón de los pecados graves y leves 1.2 El perdón de la culpa y de la pena · **2. La reconciliación con la Iglesia** · **3. La reconciliación consigo mismo** · **4. La reconciliación con el cosmos** · **5. Los frutos del sacramento** · **6. Origen y desarrollo histórico de las indulgencias** · **7. Significado y alcance teológico**

La explicación de los efectos del sacramento se despliega conforme a la cuádruple reconciliación que **repara las cuatro fracturas fundamentales inferidas por el pecado:** la reconciliación del hombre **con Dios, con la Iglesia, consigo mismo y con la creación** (RetP III, 1, 26). Los efectos del sacramento de la Penitencia vienen a reparar esas cuatro fracturas que fueron sistematizadas en la Constitución *Gaudium et spes* y a las que la Exhortación Apostólica *Reconciliatio et Pænitentia* (1984) aludirá en seis ocasiones.

1. La reconciliación con Dios

El concepto de reconciliación hunde sus raíces en el *corpus paulinum,* en **el sentido salvífico de la obra de Cristo,** y aúna las referencias plurales del perdón, visto desde la doble óptica de las **relaciones entre el hombre y Dios,** de una parte, **y de los hombres entre sí, de otra.**

El Catecismo de la Iglesia Católica presenta los efectos del sacramento en la doble perspectiva de reconciliación con Dios y con la Iglesia (CCE 1468-1469). Respecto a la primera, afirma: "toda la virtud de la penitencia reside en que **nos restituye a la gracia de Dios y nos une con Él con profunda amistad.** El fin y el efecto de este sacramento son, pues, la reconciliación con Dios" (CCE 1468).

1.1. El perdón de los pecados graves y leves

El sacramento de la Penitencia **cancela los pecados,** es decir, los vence hasta dejarlos sin sustancia ni realidad. En esta cancelación, **"es imposible que sea perdonado un pecado mortal sin los demás", ya que en el mismo sujeto todo pecado grave es incompatible simultáneamente con la gracia.**

Cabe, sin embargo, la remisión de los pecados graves y no de todos los leves si el penitente no estuviera arrepentido de éstos. La razón estriba en que **es imposible el perdón de ningún pecado, ni siquiera leve, sin el correspondiente arrepentimiento. Tampoco podrán perdonarse los pecados leves sin el perdón de los mortales,** puesto que la remisión de los leves supone el robustecimiento de la gracia que no existe en quien tiene pecados graves.

1.2. El perdón de la culpa y de la pena

El perdón de los pecados es un acto de la misericordia divina, que convierte el corazón del hombre al amor de Dios con un acto libre del hombre que, bajo la acción del amor divino, retorna a su Creador y Redentor. Entonces, siendo esto así, *¿por qué este perdón sacramental no perdona con la culpa toda la pena, como hace el Bautismo? Porque en el sacramento de la Penitencia –***synergia** **divina y humana– entran en juego los actos del penitente cuyas disposiciones admiten una mayor o menor mejora.** El reato de **pena temporal** se redime conforme a la **autenticidad de la conversión, en función del grado de la caridad.** Aquí, la función del Médico divino consiste simultáneamente en "curar" y "des-curar". En latín, el sustantivo *cura* significa cuidado, preocupación; "des-curar" es lo contrario: despreocupar, descuidar. La solicitud divina por el hombre pecador se traduce en manumitirlo para que viva "sin cuidado"; para que –en palabras de Juan de la Cruz,– deje su "cuidado entre azucenas olvidado".

2. La reconciliación con la Iglesia

La reconciliación no afecta sólo a la "relación invisible" entre Dios y el penitente sino también a la "relación visible" con la Iglesia (cf. RP 52). En la época de los Padres, la vuelta del pecador a la comunidad *(ekklesía)* era contemplada como garantía del perdón de los pecados. Aquí, el perdón de los pecados no es la consecuencia de la reconciliación con la Iglesia, sino que más bien la reconciliación misma con la Iglesia es el signo sacramental de la reconciliación con Dios. Así, pues, **la reconciliación eclesial es efecto salvífico del sacramento y ella, a su vez, es el signo eficaz del perdón de los pecados y la realización de la comunión de gracia con Dios.**

Es mérito de Bartolomé Xiberta (†1967) haber redescubierto en la tradición patrística esta importancia de la reconciliación con la Iglesia. En su tesis doctoral, dirigida por Maurice de la Taille (†1933), sostiene que **la reconciliación con la Iglesia** es la *res et sacramentum* de la Penitencia; es decir, **el signo y la causa de la reconciliación con Dios.** Que la reconciliación con la Iglesia sea signo y causa de la reconciliación con Dios muestra mucho mejor a **la Iglesia como "sacramento de reconciliación":** ella misma es entre los pueblos signo eficaz de la recomposición de las fracturas infligidas por el pecado; es reconciliado con ella como el pecador recibe la reconciliación con Dios.

3. La reconciliación consigo mismo

La ruptura del pecador con Dios es causa de la ruptura consigo mismo. Esta idea ya está presente en las obras de los Padres y Doctores de la Iglesia, sobre todo en la doctrina de Agustín y de Tomás de Aquino. Cuando tratan de esa *íntima rotura,* emplean expresiones gráficas: al separarse de Dios, dice Agustín, el hombre queda abandonado a su naturaleza, o incluso a lo más bajo de ella: el hombre "se queda en sí mismo" *(esse in semetipso).* El Doctor Angélico sostiene que la naturaleza humana queda abandonada a sí misma *(sibi relicta),* abandonada a su propio desorden.

Puesto que con el pecado el hombre se niega a someterse a Dios, su equilibrio interior se rompe y se desatan dentro de sí contradicciones y conflictos, como ya describimos al tratar la **dimensión antropológica del sacramento.** El pecado como principio de división, tan vivamente sugerido por el Génesis en el pasaje de la torre de Babel, lo es, ante todo, **en lo íntimo del corazón humano:** *in seipso divisus est homo* (GS 13). **La gracia del perdón sacramental reconcilia al sujeto consigo mismo en su corazón,** haciéndole recuperar su propia verdad interior, su propio ser sinfónico.

4. La reconciliación con el cosmos

De la reconciliación con Dios derivan también otras reconciliaciones que subsanan las rupturas causadas por el pecado. Esto nos lleva a considerar la vertiente cósmica de la reconciliación.

El relato de las tentaciones de Jesús en el evangelio de Marcos sugiere un paralelismo entre el Paraíso y el desierto. En aquél, el primer Adán "puso nombres a todos los ganados, a las aves del cielo y a todas las fieras del campo" (Gn 2, 20); en éste, el segundo Adán "estaba con los animales" (Mc 1, 13). Con Cristo, el desierto, en cuanto imagen opuesta al Paraíso, deviene lugar de reconciliación. Las fieras salvajes, como imagen de la amenaza que comporta para el hombre la rebelión de la creación, devienen amigas, como en el Edén. Se restablece aquella paz predicha por Isaías para los tiempos mesiánicos y que la liturgia propone en el tiempo de Adviento: "el lobo convivirá con el cordero, el leopardo se tumbará con el cabrito, ternero y león joven pernoctarán juntos..." (Is 11, 6). Por eso, **allí donde el pecado es vencido y se restablece la armonía del hombre con Dios, allí también se realiza la reconciliación del cosmos. La creación desgarrada por el pecado retorna a su condición de apacible lugar de paz.**

El **evangelio de Juan** nos invita a contemplar **el jardín del Edén** restaurado en **el jardín de la Resurrección,** el cual, a su vez, releído a la luz del Apocalipsis, se nos presenta como **primicia del jardín escatológico.** No se trata, pues, de tres jardines, sino de un solo y único jardín de Dios. El último y definitivo paraíso es el Edén reencontrado e incluso superado. La presencia del árbol de la vida, tanto en el Edén genesíaco como en el paraíso escatológico, sugiere la continuidad de ambos jardines.

Los oasis de la creación surgidos en torno a las abadías medievales benedictinas como lugares en los que reina la familiaridad con el Señor son un cierto preludio de este cosmos reconciliado. El claustro –*hortus conclusus*– tendía a reproducir, como en miniatura, el ideal monástico de anticipar la vida de la Jerusalén celeste, incluso en aspectos como la forma, el color, la paz: se alojaban en estos claustros árboles, como el olivo, y animales, como el faisán, conocidos por la simbólica cristiana como pobladores del Paraíso.

5. Los frutos del sacramento

La gracia del sacramento de la Penitencia implica la justificación del pecador arrepentido y confesado, perdonando los pecados mortales y, en la medida de su arrepentimiento, también los veniales. Destruye consecuentemente **los frutos del pecado, la culpa y la pena eternas, la pérdida de la gracia, el desorden personal, social y cósmico,** tal como se manifiesta en las pasiones, egoísmos, rencores, malos sentimientos, heridas del corazón... En consecuencia, la gracia de este sacramento **devuelve la paz y el gozo del perdón de los pecados, fortalece el espíritu, debilitado por los pecados, y otorga especiales auxilios para superar las tendencias de la concupiscencia y aquellas que han despertado los pecados, pudiendo vencer así las tentaciones.** Igualmente, **la gracia sacramental procura la reviviscencia de los méritos y virtudes anteriores en la medida de las disposiciones del sujeto.**

Ya se ha expuesto cómo el sacramento de la Penitencia adquiere su **dimensión salvífica** a partir de su entronque con el **misterio pascual de Cristo y, a través de él, con la santa Trinidad,** en cuyo nombre el sacerdote imparte la absolución. El efecto del sacramento se sitúa, por tanto, en la **profunda ontología de la salvación.** De ahí que la Penitencia, de suyo, no constituya un tranquilizante psicológico o una cura psicoanalítica. Conviene tenerlo en cuenta para evitar que algunos penitentes busquen exclusivamente en este sacramento una especie de desahogo natural, olvidando su **dimensión específicamente teologal.** Contemporáneamente, el Concilio de Trento sostiene que "algunas veces, en las personas piadosas y en quienes reciben con devoción este sacramento, suele seguirse la paz y serenidad de la conciencia con viva consolación del espíritu" (DH 1674). Es fácil que así sea cuando se posee un adecuado concepto del pecado y de la misericordia divina. Tal efecto, sin embargo, ni se da siempre, ni, en el caso que se dé, es un efecto directo del sacramento, ni es de suyo necesario. Puede depender del temperamento del sujeto y de la coyuntura en que se encuentre. Ni siquiera es, por sí solo, el signo seguro de un particular espíritu penitencial. Éste viene más objetivamente señalado por la nueva vida que se emprende a tenor de las exigencias de la conversión.

Un himno de Simeón el Nuevo Teólogo (†1022), escrito cuando la Iglesia permanecía aún indivisa, canta la recreación que realiza el sacramento en el cristiano arrepentido que bebe en la fuente de las lágrimas:

> El Señor, que me ha iluminado,
> toca con sus manos mis ataduras y mis heridas,
> y allí donde su mano toca o donde se acerca con su dedo,
> al punto las ataduras se desatan y las heridas desaparecen.
> Purificado de inmediato y libre de las ataduras,
> me tiende entonces una mano divina, me levanta del fango,
> todo él me abraza, se lanza a mi cuello y me cubre de besos.
> Y a mí, que estoy del todo desfallecido y he perdido mis fuerzas,
> me toma sobre sus hombros (...) y me da a contemplar
> la asombrosa restauración mediante la que me ha reedificado.
> Me ha apartado de la corrupción, me ha regalado una vida inmortal,
> me ha revestido con una túnica inmaterial y luminosa
> e igualmente unas sandalias, un anillo y una corona incorruptibles y eternos (...).
> Lo he visto nuevamente dentro de mi casa;
> allí estaba súbitamente todo entero y unificado de forma inefable,
> de manera indecible anudado y trabado conmigo sin trabarse,
> como el fuego al hierro y la luz al cristal.
> Me ha hecho como fuego, como luz me ha presentado.
> Convertido en uno, yo y Aquél al que me he unido, ¿qué nombre me voy a dar?
> Por naturaleza soy hombre, pero por gracia soy Dios.
> Pues purificado por el arrepentimiento y las corrientes de lágrimas
> que de un cuerpo divinizado participan, como si de Dios se tratase,
> también yo me convierto en Dios en una unión inexplicable.
> *¡Observa este misterio!*

6. Origen y desarrollo de las indulgencias

La doctrina y la práctica multisecular de las indulgencias en la Iglesia se encuentra estrechamente ligada con la **satisfacción sacramental.** Las indulgencias son una **realidad instituida por la Iglesia;** pertenecen, por tanto, al **orden extra-sacramental.** Fueron ocasión de enfrentamientos con la Reforma protestante y retomaron nueva actualidad a raíz de la publicación de la Constitución apostólica *Indulgentiarum doctrina* de Pablo VI (1967) y, más recientemente, con motivo de la celebración del solemne Jubileo del año 2000, al que un año antes precedió la cuarta edición del **Enchiridion Indulgentiarum (1999).** En el prólogo de esta última edición, Juan Pablo II recomienda a los obispos que hagan de las indulgencias objeto privilegiado de su magisterio y de su práctica pastoral.

Para comprender el significado de las indulgencias, conviene explorar su **origen y desarrollo en el marco histórico de la disciplina penitencial.** Esa evolución, movida a impulsos de la progresiva elaboración doctrinal del sacramento, suministra las bases necesarias para conocer el alcance teológico de las indulgencias con relación a la vida de santidad y conversión continua de los bautizados. Al término de este esbozo histórico, se expondrán las bases teológicas que sustentan la doctrina de la Iglesia sobre las indulgencias.

a) **En sus orígenes,** el sustantivo "indulgencia" se utilizó como sinónimo de **remisión o absolución.** Ambos conceptos expresaban indistintamente el **perdón de una culpa o la remisión de una pena.**

b) En la Iglesia latina, la práctica de las indulgencias, propiamente dichas, se sitúa en torno al siglo XI, si bien la **confusión** entre las diversas formas de absolución y de intervención eclesiales en la penitencia prosiguió a lo largo del siglo XII. La **distinción** entre la absolución sacramental y las indulgencias se irá haciendo cada vez más neta conforme progresa la teología del sacramento en las *Summæ* de los siglos XII y XIII. **Mediante la práctica de las indulgencias, la Iglesia expresó la eficacia de la comunión de los Santos en favor de los penitentes.** Lo hacía en forma de intervención autorizada, es decir, mediante un acto de jurisdicción por el cual confería una **remisión de las penas temporales.** Tal acto jurisdiccional visibilizaba la función de la Iglesia cuando encamina al penitente hacia la **eliminación completa de las reliquias del pecado.**

c) A finales del siglo XV, las indulgencias se aplicaron también a los fieles difuntos. Se extendió la opinión de que el Papa poseería una cierta jurisdicción incluso sobre las almas del Purgatorio y que, por ello, les podía aplicar una indulgencia en forma de absolución. Tal tesis, sin embargo, fue pronto abandonada. A comienzos del siglo XVI, las **indulgencias por los difuntos** ya se aplicaban **bajo la forma exclusiva de intercesión** *(per modum suffragii).*

d) **La praxis actual.**

La Constitución apostólica *Indulgentiarum doctrina,* **publicada por Pablo VI** en 1967, **actualizó la doctrina y la praxis de las indulgencias en la Iglesia.**

El documento se propuso explicar, con una amplitud no habitual en la materia, el significado que la Iglesia atribuye a su **praxis** y el **espíritu con que los cristianos deben lucrarlas.** La Constitución apostólica mantiene la **distinción entre indulgencias plenarias y parciales,** según liberen de la **pena temporal** debida por los pecados totalmente o en parte. Rechaza expresamente una comprensión cuantitativa del *thesaurus Ecclesiæ,* como si la realidad de gracia crística guardara proporciones físicas en su reparto: la "medida" exacta de **la remisión de la pena temporal es secreto de Dios.**

El **Catecismo de la Iglesia Católica** recoge la noción de indulgencia propuesta en el **Código de Derecho Canónico** (CIC (1983), can. 996) y en el *Enchiridion Indulgentiarum*:

> "La indulgencia es la remisión ante Dios de la pena temporal por los pecados, ya perdonados, en cuanto a la culpa, que un fiel dispuesto y cumpliendo determinadas condiciones consigue por mediación de la Iglesia, la cual, como administradora de la redención, distribuye y aplica con autoridad el tesoro de las satisfacciones de Cristo y de los Santos" (CCE 1471).

7. Significado y alcance teológico

"Don total de la misericordia de Dios", las indulgencias se fundan en dos realidades de la fe: **la pena temporal debida al pecado y el misterio de la *communio Sanctorum.*** En páginas precedentes hemos abordado la primera cuestión –la naturaleza de la *pena temporal* que la indulgencia remite–, así como aquello que la teología denomina **"reliquias del pecado";** pasemos a estudiar la segunda cuestión.

La "Comunión de los Santos". Cuando la Iglesia católica habla de *communio Sanctorum* se refiere al **vínculo vivo y trascendente, visible e invisible, que existe entre todos los cristianos, vivos y difuntos, en la unidad del Cuerpo que tiene a Cristo por Cabeza y fuente de impulso vital (cf. G. Bereille, J.P. Kirsch, CCC, Bernard DTC).** Todos los cristianos, unidos a Cristo en un mismo Espíritu en virtud del Bautismo, son miembros de su Cuerpo y forman *quasi una mystica persona.*

La comunión de los miembros de la Iglesia en los bienes espirituales, siempre avalorados por la gracia de Cristo, constituye lo que metafóricamente se llama el "tesoro" de la Iglesia. La antigua convicción cristiana de que los misterios de la vida y la Pasión de Cristo, así como el martirio de los Santos, beneficiaban a toda la Iglesia, evolucionó durante el siglo XIII hasta convertirse en **la doctrina del "tesoro" de gracia de la Iglesia (*thesaurus Ecclesiæ*) del que la** jerarquía puede disponer "para ser saludablemente dispensado a los fieles" (DH 1206).

Este "tesoro" es la voluntad salvífica de Dios, traducida en el amor pleno a cada hombre, en virtud de la redención de Cristo y de la santidad de la Iglesia, cuya misión se halla intrínsecamente orientada a la superación de las consecuencias del pecado. No es que mediante la indulgencia se "pague" a Dios del tesoro de la Iglesia, sino que ese tesoro se hace presente y activo cuando la Iglesia dirige su oración a Dios. Desde este punto de vista, **la expiación de las penas por el pecado significa la ayuda de Dios para una eliminación no más fácil, sino más plena e intensiva de las secuelas del pecado.** Las indulgencias no están destinadas a remplazar los esfuerzos inherentes a la conversión y a la penitencia del cristiano.

El Enchiridion Indulgentiarum *(1999).* Las nuevas Normas pretenden una revalorización de la cooperación personal exigida al fiel, así como una mayor espiritualización de las prácticas indulgenciadas por la Iglesia.

Para lucrar indulgencias es necesario **estar bautizado, no excomulgado, y hallarse en estado de gracia por lo menos en el momento de concluir las obras prescritas.** Sin embargo, para que el sujeto capaz las pueda lucrar debe tener la **intención al menos general de conseguirlas, y cumplir las obras prescritas dentro del tiempo determinado y de la manera debida a tenor de la concesión** (CIC (1983), can. 996).

Se mantiene la distinción entre "parcial" y "plenaria", según libere, en la intención de la Iglesia, parcial o totalmente de la pena temporal debida por los pecados. **Se deroga la cuenta de días, semanas y años,** supervivencia de la disciplina medieval (n. 4). En el caso de las indulgencias parciales, el grado de remisión de la pena temporal depende de las **disposiciones del fiel** que realiza la obra a la cual va vinculada la indulgencia.

Las **indulgencias plenarias** han sido reducidas en número para que los fieles mantengan su justa estima y porque precisan cierto tiempo para prepararse bien. Las **condiciones establecidas** para lucrar una indulgencia plenaria son: **ejecución de la obra prescrita; confesión sacramental, comunión eucarística, oración por las intenciones del Sumo Pontífice y "la exclusión de apego a todo pecado, incluso venial"** (n. 7). Se suprime la vinculación a lugares u objetos a fin de que "se vea más claro que las indulgencias están vinculadas a las acciones de los fieles" (V.12). Finalmente, **"pueden ser aplicadas a los difuntos por modo de sufragio",** lo que supone "una excelente **obra de caridad"** (IV.8).

Ejercicio 1. Vocabulario

Identifica el significado de las siguientes palabras y expresiones usadas:

- Reato
- Reviviscencia

- Indulgencia plenaria
- Indulgencia parcial

Ejercicio 2. Guía de estudio

Contesta a las siguientes preguntas:

1. El pecado produce cuatro fracturas fundamentales. ¿Cuáles son?
2. ¿Qué diferencia hay entre pecados graves y leves?
3. ¿Qué es el perdón de la culpa? ¿Qué es el perdón de la pena?
4. Expica por qué la Iglesia significa "sacramento de reconciliación".
5. ¿Por qué el pecado es causa de la ruptura del hombre consigo mismo?
6. Frutos del sacramento de la penitencia.
7. La Constitución apostólica *Indulgentiarum doctrina*, publicada por Pablo VI en 1967, actualizó la doctrina y la praxis de las indulgencias en la actualidad. ¿Cuál es la praxis actual de las indulgencias en la Iglesia?

Ejercicio 3. Comentario de texto

Lee los siguientes textos y haz un comentario personal utilizando los contenidos aprendidos:

"Los Padres de la Iglesia presentan este sacramento como «la segunda tabla (de salvación) después del naufragio que es la pérdida de la gracia»".

Concilio de Trento: DS 1542; cf. Tertuliano, De paenitentia 4, 2.

* * *

"Pero hay que añadir que tal reconciliación con Dios tiene como consecuencia, por así decir, otras reconciliaciones que reparan las rupturas causadas por el pecado: el penitente perdonado se reconcilia consigo mismo en el fondo más íntimo de su propio ser, en el que recupera la propia verdad interior; se reconcilia con los hermanos, agredidos y lesionados por él de algún modo; se reconcilia con la Iglesia, se reconcilia con toda la creación".

Juan Pablo II, Exhort. Apost. Reconciliatio et paenitentita, 31).

EL SACRAMENTO DE LA UNCIÓN DE LOS ENFERMOS

Introducción

El tratado del sacramento de la Unción de los enfermos pretende suministrar una visión completa de la doctrina católica sobre el sacramento de los enfermos en orden a su inteligencia fundamental. Para ello, se ha elegido una **articulación interna similar a la del tratado de la Penitencia.** Tal opción es congruente con el nexo que la tradición teológica descubre entre ambos signos, pues, como enseña el Concilio de Trento, **la Unción es consumativa de la Penitencia.** Seguiremos el siguiente desarrollo.

La santa Unción es **sacramento de enfermos y sacramento de Vida.** Fisura desde la que el Eterno ilumina de esperanza el sufrimiento humano, transfigurado por el sufrimiento de quien es Vencedor porque es Víctima (Agustín). Expresión de cómo **las circunstancias adversas son misteriosamente «abrazadas» por la ternura de Dios;** de cómo el Altísimo no deja de inclinarse amorosamente sobre la humanidad afligida.

Con la peculiar gracia del Espíritu que confiere la Unción, el viejo adagio latino cobra plenitud de significado: las penas son alas. En efecto, así como las aguas del mar, cuando ascienden hacia el cielo, pierden la sal y se hacen lluvia fecunda, así también el **sufrimiento humano** pierde, en cierto sentido, amargura cuando se eleva hacia lo alto y se hace fecundo para la **redención del mundo y el bien de la Iglesia.** La **celebración** del sacramento de la Unción –que salva y conforta– es un don misericordioso del Señor digno de ser amado y de enseñarlo a amar. Su comprensión renovada puede conducir a una más madura y robustecida **inteligencia del signo** y también, in spe, a una más **cualificada praxis pastoral.**

TEMA 6

ENFERMEDAD Y UNCIÓN EN LA SAGRADA ESCRITURA

La perspectiva bíblica en torno a la salud y a la enfermedad no es la propia del médico o del científico. El discurso bíblico pondrá más bien de manifiesto la vertiente religiosa y de fe, mostrando la relación existencial entre el enfermo y Dios. En otras palabras: la palabra de Dios no pretende mostrar el diagnóstico o el tratamiento de una enfermedad, sino la enfermedad misma en cuanto participación del enfermo en la historia de la salvación y, a la postre, en el misterio pascual de Jesucristo.

Las reflexiones presentes en este capítulo serán punto de referencia frecuente en páginas posteriores, como sustrato bíblico fundamental sobre el que descansa el significado cristiano de la santa Unción.

SUMARIO

1. Enfermedad y unción en el Antiguo Testamento · 1.1 La enfermedad. 1.2 La unción · **2. Jesús y los enfermos** · **3. El texto de Santiago** · **4. La institución del sacramento**

1.1. La enfermedad

En el antiguo Oriente, la enfermedad era considerada como una desgracia causada por los espíritus demoníacos, o bien como un castigo enviado por los dioses, irritados a causa de los crímenes cometidos ante sus ojos. Para obtener la curación se realizaban exorcismos tendentes a expulsar a los demonios, o bien se inmolaban víctimas cuyo sacrificio –así se esperaba– aplacaría el furor de la divinidad. Se conservan formularios de la literatura babilónica para uno y otro caso.

En el contexto de la teología de la Alianza, las enfermedades serán una de las principales **maldiciones con que el Señor castigará la infidelidad del pueblo de su elección** (cf. Dt 28, 21.27). Resulta significativo que, en los **Salmos,** suplicar la curación sea una plegaria que va siempre acompañada de una confesión de las faltas cometidas.

Sin embargo, a partir de una cierta época, la explicación según la cual la enfermedad era consecuencia de los pecados personales de quien la sufría, se fue haciendo insuficiente. A este respecto, es aleccionador detenerse en el **libro de Job.** En él se contiene un debate entre tres concepciones diferentes de **la enfermedad: como castigo, como prueba y como misterio.** A partir del capítulo tercero, se aprecia un cambio de perspectiva: la prueba que sufre Job deja de contemplarse en clave exclusivamente **moral** para ser captada en su **dimensión teológica.** Job ya no sólo será un modelo de paciencia, sino un creyente que llama a las puertas del **misterio de Dios.** Las pruebas que padece se convierten en situación providencial para purificar el conocimiento que Job tiene de Dios, hasta hacerle exclamar: "Yo te conocía sólo de oídas, mas ahora te han visto mis ojos" (Jb 42, 5). Se trata de una **percepción nueva sobre la verdad de Dios** en su infinita sabiduría, conforme a la cual realidades profundamente humanas, como **el sufrimiento y la muerte,** adquieren un hondo e insospechado sentido.

> "Aún cuando la enfermedad se halla estrechamente vinculada a la condición del hombre pecador, no siempre puede considerarse como un castigo impuesto a cada uno por sus propios pecados" (RU 2).

1.2. La unción

En la Antigua Alianza, la unción era el **signo visible de la concesión de los dones requeridos para una tarea, o bien del Espíritu de Dios para una mi-**

sión. La mayor parte de las unciones mencionadas en el Antiguo Testamento constituyen **ritos de consagración de reyes, de profetas, de sacerdotes y, en particular, del altar.** De su unción con óleo, la piedra adquiría una eminente santidad, en el sentido veterotestamentario *(qadosh)*. **Ese significado continúa en el Nuevo Testamento.** El **descenso del Espíritu sobre Jesús,** con que termina la escena del **bautismo en el Jordán,** significa la investidura formal de su **misión mesiánica.** Los Padres vieron en este hecho una **analogía** con la unción de los reyes y sacerdotes de Israel al ocupar su cargo. Por eso, según el relato de Lucas, Jesús se presentó a sí mismo y presentó su misión en la sinagoga de Nazaret con la frase de Isaías: "el Espíritu del Señor está sobre mí, porque **el Señor me ha ungido"** (Is 61, 1).

Junto a este **empleo consecratorio,** existía la unción con aceite como signo para expresar el *júbilo por una determinada fiesta.* Los judíos ungían también a sus **invitados** en señal de respeto y amor. Es el caso de la **unción** de Jesús por parte de **María en Betania** con aquel costoso "perfume de nardo puro" (Jn 12, 3). Esta unción no fue estimada como sorprendente o fuera de lugar, sino, por el contrario, como signo de la prodigalidad del amor y como alusión profética a la muerte y a la resurrección.

En lo concerniente a las **unciones con óleo,** el aceite de oliva fue utilizado desde antiguo en el próximo Oriente y en toda la cuenca mediterránea con **fines medicinales.** Plinio pondera la virtud terapéutica de este aceite. Tradicional era también, entre los hebreos, el uso de aceite tanto mezclado con bálsamo como con vino (cf. Jr 8, 22; 46, 11; Lc 10, 34). Algunas Iglesias orientales conservan este uso. La literatura rabínica presenta al olivo como un árbol relacionado con el paraíso celestial y el óleo es tenido como fruto precioso para la vida y la salud del hombre. Por eso, se practicaba también la unción sobre los enfermos: era un remedio médico que apuntaba si no a la curación, sí, al menos, al alivio y a la sedación. El buen samaritano empleó vino para curar las heridas y aceite para calmar el dolor (cf. Lc 10, 34). Su significado religioso va más allá de lo que el óleo pueda aportar en cuanto medicina; **es ante todo un signo de la benevolencia divina.**

2. Jesús y los enfermos

Es natural que la realidad humana de la enfermedad, y, junto con ella, todo lo que aflige la vida del hombre sobre la tierra, esté muy presente en la perspectiva del Evangelio, de la enseñanza y conducta de Jesús y de sus apóstoles. En los Evangelios, las **curaciones** que realiza Jesús tienen el valor de signos de un

contenido teológico profundo. La mayoría de los **milagros** que los evangelistas narran de Jesús son curaciones: un total de **diecinueve;** *número elevado si se considera el estilo sobrio de los Evangelios. La redención obrada por Cristo es una victoria completa sobre el mal, sobre el pecado y la muerte, y la enfermedad es una de las caras de ese mal.*

La vida media del hombre en tiempos de Jesús se estima en menos de treinta años. En el cementerio de Qumrán, que data en términos generales de la época de Jesús, es raro el esqueleto que denuncia más de 40 años. En esta coyuntura, Jesús, a lo largo de su ministerio público, **defendió a los enfermos de la acusación del pueblo como si la enfermedad fuera indefectiblemente efecto de pecados personales.** *Él nunca rehuyó el trato con aquellos que habían contraído una enfermedad contagiosa. Sabiendo que el impuro contaminaba de su impureza todo lo que tocaba (cf. Lev 14, 1-32), sorprende que en los Evangelios es Jesús quien paradójicamente,* **al sanar a los leprosos, les toca** (cf. Mt 8, 3; Mc 1, 41; Lc 5, 13). Análogamente, la mujer que padecía de hemorragias era impura ante la Ley (cf. Lev 15, 25-27). Llama también la atención que en el Evangelio es la **hemorroísa** quien toca a Jesús y, lejos de contaminarle, queda curada (cf. Lc 8, 43-48). En ocasiones, se hizo el encontradizo con algunos enfermos; otras veces, fue requerido a su cabecera y se ofreció para ir a sus casas y curarles. Los visitó obrando curaciones milagrosas (cf. Jn 9, 1-3; Mt 8, 3; Jn 5, 6; Mt 8, 7).

No es extraño que la imagen de Cristo más grabada en la tradición primitiva fuera seguramente la de Jesús como **Médico prodigioso.** Para Cristo, vencer la enfermedad mediante las curaciones constituía un aspecto importante de sus milagros. Tales curaciones, además de constituir una **prueba de su misión divina,** eran sobre todo un momento actualizador de su mensaje mesiánico: **"está cerca el reino de Dios"** (cf. Lc 21, 31). En otros términos: la curación de las enfermedades era signo de que la nueva era del Reino de Dios, que trae la salvación íntegra del hombre, estaba ya presente y operante en medio de Israel. Comenzaba a despuntar la victoria de Dios misericordioso sobre el pecado y sus secuelas. Este poder de Jesús, que actúa instantánea y vigorosamente sobre la enfermedad y la muerte, no es una prueba de su ciencia o de su habilidad humana, sino el desvelamiento de su condición de absoluto Médico salvador del género humano. Las curaciones obradas por Cristo, en cuanto victorias sobre Satanás, no sustituyen a los métodos de la medicina y la atención sanitaria; son revelación del poder supremo del Padre, que, a través de los gestos de su Hijo, alcanza al enfermo en forma de suprema "com-pasión" *(commiseratio).*

Los hagiógrafos no han dejado constancia de si Jesús ungió con aceite para curar enfermos. **Jesús obraba las curaciones por medio de su "palabra":** "levántate, toma tu camilla y vete a tu casa"; "anda, tu fe te ha salvado" (Mc 2, 11; Mc 10, 52). Consciente de la energía ínsita en las palabras de Cristo, un centurión dijo a Jesús: "Señor, no soy digno de que entres en mi casa; pero basta que lo digas de palabra y mi criado quedará sano" (Mt 8, 8). Para el total restablecimiento de la salud del criado, basta la palabra de Jesús. **En otras ocasiones, su palabra iba también acompañada de "gestos".**

Los evangelistas nos han transmitido la gestualidad humana concreta de Jesús: elevar los ojos al cielo, imponer las manos, bendecir... Son los mismos gestos que la Iglesia prolonga en las celebraciones litúrgicas. Para las curaciones, el Señor solía imponer sus manos a los enfermos, o bien tocaba con sus dedos, humedecidos con saliva, los ojos de un ciego para imponerle después las manos (cf. Mc 6, 5; Mc 8, 23-25). Esa imposición de manos pasará al Ritual de la unción de los enfermos como gesto epiclético, acompañado de la oración del sacerdote (cf. RU 139). Eran los enfermos, otras veces, quienes tocaban a Jesús porque salía de él una fuerza *(dýnamis)* que operaba su curación, como en el caso de la hemorroísa (cf. Mc 5, 30). Precisamente una representación muy antigua de la hemorroísa es el motivo que sugiere el Catecismo de la Iglesia para comenzar su exposición sobre la economía sacramental. Es un modo gráfico de insinuar que también hoy es posible el contacto salvífico con Cristo por medio de los sacramentos de la Iglesia.

Médico de los cuerpos y de las almas, Jesús no se contentó con curar a los enfermos, sino que ordenó y dio poder también a sus Apóstoles para que hicieran lo mismo en su nombre. De ahí que, entre las acciones que Jesús contempla en el **mandato de evangelización,** figure de manera expresa el **poder de curar a los enfermos** (cf. Mt 10, 1.8; Lc 9, 1; 10, 9). Siguiendo esta misma huella, Pablo cita entre los carismas para la edificación de la comunidad el de las "curaciones" (cf. 1 Co 12, 9.28).

3. El texto de Santiago

Este texto fundamental de la Escritura relativo a la unción de los enfermos data del periodo de la vida apostólica de la Iglesia. La Carta a Santiago encabeza el grupo de las llamadas "católicas". La Carta tardó en ser universalmente reconocida como canónica. Lutero afirma que "la Carta de Santiago es realmente una carta de paja... que nada tiene que ver con la naturaleza del Evangelio". Por lo que concierne al destinatario –"las doce tribus de la diáspora" (1, 1)–, es bien sabido que el término "diáspora" designa al conjunto de las comunidades judías que, implantadas en regiones lejanas de Palestina, vivían en medio de pueblos paganos.

En el capítulo 5, el hagiógrafo procede por asociación de ideas. En el contexto precedente ha dado unos consejos en torno al modo de proceder en el gozo y en el llanto. Ahora pasa a considerar un caso especial de tristeza, que es la causada por la enfermedad. También en este caso prescribe la plegaria, pero, en este caso, se trata de una plegaria que realizan presbíteros de la Iglesia, acompañada por una unción con aceite a la que se atribuyen efectos curativos, tanto físicos como espirituales:

> [14] **¿Está enfermo alguno de vosotros? Que llame a los presbíteros de la Iglesia, y que oren sobre él, ungiéndole con aceite en el nombre del Señor.**
> [15] **Y la oración de la fe salvará al enfermo, y el Señor le hará levantarse, y si hubiera cometido pecados, le serán perdonados.**

El primer versículo trata del **rito** (v. 14); el segundo, de los **efectos** de la unción (v. 15). Tres son los puntos fundamentales que emergen del rito:

- **El sujeto de la unción es un enfermo.** El término griego con el que el hagiógrafo se refiere al enfermo en el v. 14 es *asthenéi*, que admite el sentido tanto de una enfermedad grave como leve; en el versículo siguiente emplea *kamnein* que se aplica al que está agotado por el cansancio o la enfermedad. El texto nada dice sobre el grado de la enfermedad, salvo que parece seria e inmoviliza al enfermo. No hay datos que induzcan a precisar que se trate de un moribundo. En consecuencia, no puede deducirse que la unción estuviera reservada a los enfermos en peligro de muerte, actual o próximo.

- El **ministro** de la unción son los **presbíteros** *(presbýteros).* Literalmente, los "ancianos". Cada comunidad judía de Palestina o de la diáspora era regida por un consejo de ancianos *(zequenim).* En las Cartas pastorales hay *episkopoi / diaknoi.* Se trata de quienes gozan de autoridad en la comunidad cristiana y cumplen funciones sagradas, como señala el genitivo "de la Iglesia" *(tes ekklesías).*

- Por tratarse de un **rito** ya conocido para los destinatarios de la Carta, el autor lo recuerda y recomienda, sin alargarse en prolijas explicaciones. El rito consiste en la **plegaria de los presbíteros acompañado de la unción con aceite.** En la expresión "orar sobre él" podría sobreentenderse de modo implícito una imposición de manos "sobre" el enfermo. La expresión "en el nombre del Señor" puede referirse a la plegaria conforme a la recomendación de Jesús de orar en su nombre (Jn 16, 23-24) insinúa que el gesto es un acto de naturaleza religiosa, y no puramente medicinal; y que se realiza en virtud de un ordenamiento del Señor, esto es, que la unción ha sido instituida por el mismo Jesús.

b) La segunda parte del texto (v. 15) dice así sobre los **efectos:**

> [15] Y la oración de la fe salvará al enfermo, y el Señor le hará levantarse, y si hubiera cometido pecados, le serán perdonados.

Sobre este versículo se pueden señalar cuatro aspectos:

- **El significado del gesto lo dan las palabras.** La oración que pronuncian los presbíteros cuando ungen con aceite al enfermo en el nombre del Señor es "la oración de la fe", lo cual, además de significar "la oración hecha con fe", significa "la fe hecha oración". Es un genitivo epexegético. Se trata de **una plegaria litúrgica que procede de la fe y manifiesta la fe.**

- El siguiente término que requiere atención es "salvará". El significado del verbo **"salvar"** *(sozein)* debe entenderse **en sentido amplio.** Puesto que el sujeto de la unción está aquejado de una enfermedad física, el término salvar podría referirse a su recuperación física. De hecho, el uso que hacen Mateo y Marcos del verbo "salvar" a propósito de los milagros obrados por Jesús tiene el sentido físico de "curación de un enfermo" (cf. Mt 9, 21-22; Mc 6, 56; Lc 8, 58). Sin embargo, el uso constante que se hace de este verbo a lo largo de toda la Carta se refiere también a la salud del alma (cf. St 1, 21; 2, 14; 4, 12; 5, 20). Con el verbo "salvar", el hagiógrafo hace referencia a **toda forma de salvación, sea cual sea la que el enfermo requiera y mientras la requiera.**

- Las versiones *Vulgata* y *Neo-Vulgata* del sintagma "el Señor le hará levantarse" traducen: *et allevabit eum Dominus*. El verbo latino *allevare*, que, en sentido traslaticio castellano, podría traducirse por aligerar, aliviar, dulcificar, en sentido propio significa levantar, alzar, sin que estos verbos consigan transmitir toda la carga semántica del verbo griego *egeiro*, que quiere decir "hacer que se alce". Se trata de una imagen: Cristo, invisiblemente presente, obra por medio del presbítero, que lo visibiliza, haciendo que el enfermo se alce de su lecho. Así hizo Jesús con el paralítico, con la suegra de Pedro que permanecía en cama, o con el niño endemoniado. Todos estas perícopas incluyen el verbo *egeiro* (cf. Mt 9, 6; Mc 1, 31; Mc 9, 26). Los Evangelios emplean también este mismo verbo en tres milagros de Jesús que incluyen resurrección (cf. Mt 9, 25; Lc 7, 14; Jn 12, 9). Para referirse a la

Resurrección del mismo Cristo, varios pasajes del Nuevo Testamento emplean también el verbo *egeiro* (cf. Mt 16, 21; Mt 20, 19; Lc 9, 22). Así, pues, en el caso de la Carta de Santiago, el contexto sugiere entender el verbo **"hacer levantarse"** *(egeiro - allevare)* **en sentido físico y corporal, pero sin excluir el sentido espiritual.**

- En cuanto a su sentido general, se da un cierto paralelismo entre "salvará" y "hará levantarse". Estos paralelismos son una figura del lenguaje. De otra parte, **el verbo "salvará" lleva como sujeto la plegaria, mientras que el verbo "hará levantarse" tiene como sujeto a Dios.** En este cambio de sujetos podría verse insinuado el modo de eficacia propio del sacramento. **La oración del presbítero salva al enfermo porque Cristo mismo, invisiblemente presente, actúa** *in mysterio* **en orden a aliviar interiormente al enfermo y a su eventual sanación corporal.**

- Resta, por último, considerar la expresión **"si hubiera cometido pecados, le serán perdonados".** En el Nuevo Testamento, la fórmula "perdonar los pecados" *(peccata dimittere)* es una expresión técnica que, en el contexto de la Carta de Santiago, expresa un efecto de la unción. **No se trata del efecto primordial de la unción, sino de un efecto hipotético:** así lo indica la conjunción "si". Si el enfermo se hallara en estado de pecado, entonces este óbice privaría a la unción de producir el efecto salvífico; la remisión de los pecados aleja precisamente ese obstáculo. La forma hipotética de la frase da a entender que el hagiógrafo no participa de la opinión extendida por el mundo semita de que enfermedad y pecado personal son realidades conexas, una castigo del otro. **La santa Unción pueden recibirla los cristianos enfermos, exentos o no de pecado.**

4. La institución del sacramento

La institución de los sacramentos, en general, es una cuestión clásica de la teología sacramentaria. Por lo que atañe a la institución del sacramento que nos ocupa, hay que recordar que, antes del siglo XVI, sólo los cátaros, valdenses, Wyclefitas y Hussitas, depreciaron este sacramento, sin llegar a negar explícitamente su institución divina. Fueron Lutero (†1546), Calvino (†1564), Philipp Melanchton (†1560) y sus inmediatos seguidores quienes negaron absolutamente la institución de la unción de los enfermos por parte de Cristo por los motivos que veremos más adelante. Posteriormente y al margen de la tradición católica, algunos ensayaron una explicación del quinto sacramento como si el rito cristiano de la Unción estuviera influido por los misterios profanos propios de las religiones iniciáticas persas (Salomón Reinach). Otros vieron como precedente de la unción el rito practicado en el sistema gnóstico, que más tarde la Iglesia adoptó (Ernesto Renan).

El contexto doctrinal anti-luterano justifica los textos y cánones de **Trento** sobre la institución de este sacramento. El Concilio definió en la Sesión VII (1547) la institución de "todos" los sacramentos por Cristo. En la sesión XIV (1551), el Concilio definió solemnemente que la sagrada Unción de los enfermos es verdadero y propio sacramento del Nuevo Testamento instituido por Cristo (cf. DH 1694; DH 1716; DH 1601; DH 1864). Puesto que los Doce carecían de autoridad para instituir sacramentos, el Concilio acuñó la célebre expresión: **la unción de los enfermos es un sacramento "instituido por Cristo, insinuado por Marcos y promulgado por Santiago".**

El pasaje de la Carta de Santiago es el texto fundamental para fundar la verdadera sacramentalidad de la unción. Sin embargo, el pasaje no contiene referencia directa a la institución de este sacramento por parte de Cristo. El requisito de que "los presbíteros" oren sobre el enfermo "en nombre del Señor" y le unjan con aceite no es suficiente, por sí solo, para deducir una alusión a un mandato expreso de Jesús. Con todo, **el texto ofrece algunas referencias indirectas, al considerar la unción de los enfermos –y así lo ha entendido la tradición de la Iglesia– como una *virtus* del Señor resucitado. Santiago lo expresa a su modo: "el Señor le hará levantarse"** (St 5, 15).

Esta presencia y sacramentalidad aparece afirmada en el mismo *incipit* de la plegaria *Adesto Domine* del *Ordo unctionis infirmorum* (cf. n. 242). Ahora bien, si a esta acción se le atribuye el poder de perdonar los pecados (así como la fuerza de curar y confortar) debemos suponer un encargo de Cristo, cuando menos indirecto, ya que **nadie puede perdonar los pecados sino sólo Dios** (cf. Mc 2, 7). Además, es sumamente razonable pensar que los Doce y sus colaboradores ungían a los enfermos con aceite conscientes de que ese rito estaba incluido en el **mandato misionero del Maestro,** y no respondía solo a la convicción de la época acerca de las propiedades curativas del óleo. En realidad, el mandato de Cristo viene dado implícitamente en la realización misma de la acción por parte de los apóstoles, aun cuando **el Nuevo Testamento no** ofrezca **un pasaje con su institución explícita por parte de Jesús.** En la primera generación apostólica **la relación entre Cristo y el apóstol se vive como relación entre el que envía *(mittens)* y el que es enviado *(missus)* como "administradores de los misterios de Dios" (1 Co 4, 1), lo cual garantiza la coincidencia interior entre ambos.** El segundo siempre realiza el encargo del primero, aun cuando el modo de ejecución contenga elementos que no se han

explicitado con palabras, pero que están **implícitos en la convicción univer-**
salmente vinculante de la época.

Ejercicio 1. Vocabulario

Identifica el significado de las siguientes palabras y expresiones usadas:

- Hagiógrafos
- Epíclesis
- Epiclético

- Diáspora
- Allevare
- Egeiro

Ejercicio 2. Guía de estudio

Contesta a las siguientes preguntas:

1 ¿Qué quiere decir que la Unción es consumativa de la Penitencia?

2 ¿Cómo se entiende la enfermedad en los Salmos? ¿Y cómo se entiende en el Libro de Job?

3 ¿Cuál es el significado de la unción en el Nuevo Testamento?

4 Los términos *asthenéi* y *kamnein* significan enfermo; sin embargo, no tienen el mismo significado. ¿Cuál es la diferencia de significado?

5 ¿Cuántos milagros de Jesús narrados en los Evangelios son curaciones?

6 ¿Qué dicen los versículos 14 y 15 del capítulo 5 de la carta de Santiago? Este texto es fundamental para entender el sacramento de la Unción.

7 ¿Quién es el sujeto de la unción de enfermos?

8 ¿En qué consiste el rito del sacramento?

9 ¿Cuáles son los efectos del sacramento?

10 ¿Por qué sabemos que Cristo instituyó este sacramento?

Ejercicio 3. Comentario de texto

Lee los siguientes textos y haz un comentario personal utilizando los contenidos aprendidos:

"¿Cómo se puede hablar de dolor salvífico? ¿No es acaso el sufrimiento un obstáculo a la felicidad y un motivo para alejarse de Dios? Existen ciertamente tribulaciones que, desde el punto de vista humano, parecen sin sentido.

En realidad, si el Señor Jesús, Verbo encarnado, ha proclamado «Bienaventurados los que lloran» (Mt 5, 5), es porque existe un punto de vista más alto, el de Dios, que llama a todos a la vida y —aunque a través del dolor y de la muerte— a su reino eterno de amor y de paz.

¡Dichosa la persona que logra hacer resplandecer la luz de Dios en la pobreza de una vida de sufrimiento o disminuida!"

Mensaje del santo padre Juan Pablo II para la II jornada mundial del enfermo, Vaticano, 8 de diciembre de 1993.

* * *

"1506 Cristo invita a sus discípulos a seguirle tomando a su vez su cruz (cf. Mt 10,38). Siguiéndole adquieren una nueva visión sobre la enfermedad y sobre los enfermos. Jesús los asocia a su vida pobre y humilde. Les hace participar de su ministerio de compasión y de curación: «Y, yéndose de allí, predicaron que se convirtieran; expulsaban a muchos demonios, y ungían con aceite a muchos enfermos y los curaban»" (Mc 6,12-13).

Catecismo de la Iglesia Católica, n.º 1506.

TEMA 7

LA UNCIÓN DE LOS ENFERMOS EN LA TRADICIÓN ECLESIAL

En la teología sacramentaria el estudio histórico constituye una etapa ineludible, supuesto que los sacramentos, antes de ser reflexión, son acción, la cual proviene de la voluntad de Cristo, que sólo se puede reconocer en la Escritura y en la Tradición viva de la Iglesia, es decir, en el modo como la Iglesia, asistida por el Espíritu, ha celebrado de hecho los sacramentos. Por eso, tras el análisis bíblico precedente, el método teológico invita a reflexionar sobre la evolución histórica de la Unción de los enfermos de manera que las realidades de la enfermedad y de la muerte se integren en el misterio de la Pascua del Señor.

SUMARIO

En la historia del Rito romano, la evolución pastoral, ritual y teológica de la Unción de los enfermos se puede organizar en torno a aquellas etapas en las cuales se produce una **inflexión en la praxis progresiva del sacramento.** Son aquellos periodos en los que se pasa de poner el acento en la **bendición del óleo** a ponerlo en la **unción del enfermo;** de destacar el **efecto corporal** de la Unción al énfasis en el **efecto espiritual.**

1. Hasta el Concilio de Trento

1.1. Antes de Tomás de Aquino

A partir de los testimonios que disponemos sobre el modo como la Iglesia comprendió la unción en los **ocho primeros siglos,** se puede afirmar que la mayoría de las fuentes presentan la **bendición del aceite** como un requisito previo para la eficiencia de la unción.

La **noción de enfermedad** es más amplia y vaga que la actual. Se trata de todos los males corporales, desde la simple herida hasta una enfermedad más grave. Se emplea la unción para los sordos, mudos, ciegos y posesos. La unción no se contempla como un **rito preparatorio a la muerte.**

Se presta una gran atención al **efecto corporal,** respecto al cual las fórmulas de bendición muestran una considerable profusión de detalles. La unción se entiende como *medicina Ecclesić,* como medio para obtener la salud del cuerpo, *sanitas corporis.* Aunque sólo Cesáreo de Arlés (†543) y Eloy de Noyon (†660) mencionen el perdón de los pecados como efecto de la unción y aunque algunas fórmulas de bendición aludan a los efectos espirituales, sin embargo, **la mayoría de los autores subrayan la curación corporal del enfermo,** presentando la medicina cristiana como rival de la medicina mágica.

Raramente se hace referencia al efecto espiritual de la unción. Si Cesáreo habla explícitamente de la eficacia de la unción respecto a los pecados del enfermo, se diría que lo hace en razón de la polémica contra el paganismo, procurando mostrar la superioridad del rito cristiano frente a la praxis supersticiosa de sus coetáneos. Las fórmulas de bendición que citan el **versículo 15 de la Carta de Santiago** silencian la remisión de los pecados. Este silencio no excluye el **contenido dogmático** de ese versículo. **La remisión de los pecados es admitida de una manera implícita, que el decurso histórico se encargará de explicitar.**

El cambio de perspectiva más notable en la comprensión histórica de la Unción acontece en medio del florecimiento cultural y religioso que trajo consigo la época carolingia. Hasta el siglo VIII no existen huellas de libros rituales para administrar la unción a los enfermos, sino tan sólo fórmulas para la bendición del aceite y su aplicación de modo familiar y popular. Ahora comienza un nuevo periodo caracterizado por la difusión de *los primeros rituales de la Unción* y una creciente **ordenación de la administración del sacramento por parte de la Iglesia.**

El giro más destacado del periodo medieval consistió en la progresiva introducción de una nueva praxis consistente en que los enfermos eran ungidos sólo *in extremis.* Este cambio de mentalidad parece responder a una cierta asimilación entre la unción de los enfermos y la reconciliación por la penitencia *ad mortem.* Juntamente, con el progresivo implantarse de la penitencia privada, la unción tomará las oraciones de la liturgia con que se celebraba la penitencia pública, y su celebración fue adquiriendo, a partir del siglo X, el clima penitencial de una preparación para la muerte.

Con ello, la unción pasa a designarse con un nombre hasta entonces desconocido: *sacramentum exeuntium,* **sacramento de los que abandonan este mundo.** De este modo el sacramento para los **enfermos** pasa a ser el sacramento para los **moribundos;** y recibir la **"extrema-unción"** equivale a hallarse *in articulo mortis.* Aunque el efecto corporal no es negado ni excluido –la Providencia divina puede actuar siempre– sin embargo, **la esperanza de conseguir la curación pasa a un segundo plano.**

1.2. Desde Tomás de Aquino hasta el Concilio de Trento, que se desarrolló entre 1545 y 1563)

La **teología escolástica** va a dar un impulso determinante a la doctrina eclesial sobre la Unción de los enfermos recogiendo de modo coherente y orgánico los elementos del periodo precedente sobre **la naturaleza, destinatario y efectos de la unción.** La santa Unción debe administrarse al **final de la vida.** Es el sacramento de los **moribundos,** la *unctio exeuntium,* la **"extrema-unción".**

> El Doctor Angélico (†1274) tiene dos exposiciones de la "extremaunción". La primera se encuentra en el Comentario a las Sentencias de Pedro Lombardo y data de sus primeros años de docencia. Es el texto que luego aparecerá recogido en el *Supplementum* de la *Summa Theologica.*

Para el teólogo dominico, "este sacramento es **el último remedio que la Iglesia puede conferir,** el cual dispone, como quien dice, de modo inmediato a la gloria. Por eso debe darse solamente a los enfermos que están en peligro de muerte". **Sólo el presbítero,** enseña el Doctor Angélico, **puede ser ministro de este sacramento.**

Sobre los **efectos** del sacramento, distingue uno primario y otro secundario. El **primario** es la gracia que fortalece al enfermo contra la debilidad espiritual, que es fruto del pecado. Se trata de una **gracia medicinal espiritualmente confortativa.** El **secundario** puede ser **múltiple, desde la remisión de los pecados en las mismas condiciones y circunstancias que otros sacramentos de vivos hasta la curación corporal, cuando conviene a la salud espiritual.**

Se perfila así una **visión teológica** que sitúa la Unción en una **perspectiva escatológica** *(ultimum remedium immediate disponens ad gloriam),* y una **praxis pastoral** que contempla en el sacramento la **consumación de la vida cristiana,** concebida como **curación espiritual** *(sacramentum consummativum totius spiritualis curationis).*

2. Desde el Concilio de Trento hasta la actualidad

2.1. El Concilio de Trento (1545-1563) y el Catecismo Romano, promulgado en 1556

La **negación protestante** de la naturaleza sacramental de la Unción de los enfermos frente a su afirmación católica obligará al Concilio de Trento a detenerse ampliamente en este sacramento. *Lutero* (†1546) **negó la canonicidad de la Carta de Santiago, y la sacramentalidad de la unción.** En el *De captivitate babilonica* escribe: "incluso aunque la epístola fuera de Santiago, yo diría que a un Apóstol no le está permitido instituir un sacramento por su propia autoridad. Sólo Cristo tiene derecho. Pero no consta en ninguna parte del Evangelio que él haya establecido el sacramento de la extremaunción".

> El patrimonio escolástico posibilitó al Concilio una exposición coherente y orgánica de esos elementos constitutivos del sacramento.

El Concilio presenta la Unción de los enfermos como **"sacramento consumativo no sólo de la Penitencia, sino también de toda la vida cristiana"** *(sacramentum consummativum pœnitentia sed et totius vita christiana)* (DH 1694). Establece lo siguiente:

a) la Unción de los enfermos es un **sacramento instituido por Cristo y promulgado por Santiago;**

b) su **efecto** es una **gracia que es juntamente remisión de los pecados y alivio** **del enfermo;**

c) su **ministro** es el **presbítero.**

El Concilio presenta el efecto propio del sacramento como **"gracia del Espíritu Santo",** ya que el sacramento comporta una **unción con óleo, que se asocia siempre a la efusión-presencia del Espíritu Santo.** Finalmente, el Concilio recoge la praxis orientada sobre todo a **preparar la muerte del enfermo:** "la unción debe administrarse a los **enfermos,** pero señaladamente a aquellos que yacen en tan peligroso estado que parezcan estar puestos al **término de la vida;** razón por la que se le llama también sacramento de moribundos *(sacramentum exeuntium)*" (DH 1698).

Durante los años siguientes al Concilio de Trento, el **Catecismo Romano, promulgado por Pío V en 1556,** fue su mejor interpretación doctrinal.

2.2. La Unción en el Concilio Vaticano II (1962-1965)

En las décadas previas a la convocación del Concilio Vaticano II, comenzó a advertirse en la praxis pastoral una cierta crisis en la concepción tradicional del sacramento.

> Se pedía un cambio de nombre, concorde a su naturaleza, y una aclaración doctrinal tanto sobre la posibilidad de reiterarlo, como, más concretamente, sobre el ámbito de sus efectos. En esos mismos años se dieron también notables avances en los estudios litúrgicos y patrísticos cuyo fruto contribuyó a preparar el camino para un replanteamiento teológico-pastoral de la Unción de los enfermos, que confluiría en el Concilio Vaticano II.

El Concilio trata de la Unción en varios lugares (SC 73-75; LG 8, 11, 28, y 46; OE 27; PO 5 y 6). Importa, sobre todo, la Constitución *Sacrosanctum Concilium,* la cual dedica tres parágrafos a la Unción (n. 73-75):

> "la **«extremaunción», que también, y mejor, puede llamarse «Unción de enfermos»,** no es sólo el sacramento de quienes se encuentran en los últimos momentos de su vida. Por tanto, **el tiempo oportuno para recibirlo comienza cuando el cristiano ya empieza a estar en peligro de muerte por enfermedad o vejez"** (n.›73).

Aunque este texto sugiera como preferible el nombre de "Unción de los enfermos", sin embargo, continúa contemplando como sujeto no a un enfermo, sino a un "enfermo en peligro de muerte". Más precisamente: es la muerte la que parece determinar el momento del rito, y no la enfermedad como tal. Habría que esperar un año más, en 1964, para encontrar formulada la **prioridad de la situación de enfermedad, previa al momento de la muerte e independientemente de ésta** (cf. *Lumen gentium* 11).

2.3. El Catecismo de la Iglesia Católica (1997)

La exposición del Catecismo de la Iglesia Católica (CCE 1499-1532) es el último de los jalones magisteriales de alto rango relativos a este sacramento. El Catecismo trata la Unción de manera inductiva, analizando la enfermedad en la *historia salutis*. El enigma del dolor y de la muerte resulta esclarecido por la luz definitiva de la **revelación.** El texto recuerda que de las acciones sanantes de Jesucristo ha brotado en la Iglesia una gran historia de **caridad** hacia todos los que se hallan envueltos en el **misterio del sufrimiento** que lacera la carne y el espíritu del hombre (CCE 1503-1505). **Aquí es donde se inserta la curación de los enfermos en la misión de la Iglesia, siendo el rito de la Unción su expresión sacramental.**

Ejercicio 1. Vocabulario

Identifica el significado de las siguientes palabras y expresiones usadas:

- Praxis
- Viático
- In artículo mortis
- Canon de la Sagrada Escritura
- Canonicidad
- *Historia salutis*

Ejercicio 2. Guía de estudio

Contesta a las siguientes preguntas:

1. ¿Qué cambio en la praxis de la evolución de la Unción de enfermos se produce en el Concilio de Trento para que se puedan distinguir dos etapas: antes y después del Concilio de Trento?
2. ¿Qué es lo más importante en la concepción de la Unción hasta la doctrina de santo Tomás?
3. ¿Cuál es la explicación teológica de santo Tomás sobre la Unción?
4. ¿Por qué Lutero negó la sacramentalidad de la Unción de enfermos?

5. ¿Quién instituyó el sacramento de la Unción y quién lo promulgó?

6. ¿Quién es el ministro del sacramento de la Unción?

7. ¿Cuál es el efecto de la Unción?

8. ¿Qué es el Catecismo Romano, quién lo promulgó y en qué año?

9. ¿Qué expone el Concilio Vaticano II sobre el sacramento de la Unción?

10. ¿Qué explica el Catecismo de la Iglesia Católica sobre la enfermedad y la Unción?

Ejercicio 3. Comentario de texto

Lee los siguientes textos y haz un comentario personal utilizando los contenidos aprendidos:

Odo Casel define la liturgia como "acción ritual de la obra de la salvación de Cristo, o sea presencia, bajo el velo de los símbolos, de la obra divina de la redención".

CASEL, Mysteriengegenwart, Jharbuch für Liturgiewissenschaft 8, 1928, 145.

* * *

«¡Sanad a los enfermos!» (Mt 10,8). La Iglesia ha recibido esta tarea del Señor e intenta realizarla tanto mediante los cuidados que proporciona a los enfermos, como por la oración de intercesión con la que los acompaña. Cree en la presencia vivificante de Cristo, médico de las almas y de los cuerpos. Esta presencia actúa particularmente a través de los sacramentos, y de manera especial por la Eucaristía, pan que da la vida eterna (cf Jn 6,54.58) y cuya conexión con la salud corporal insinúa san Pablo (cf. 1 Co 11,30).

1510 No obstante, la Iglesia apostólica tuvo un rito propio en favor de los enfermos, atestiguado por Santiago: «¿Está enfermo alguno de vosotros? Llame a los presbíteros de la Iglesia, que oren sobre él y le unjan con óleo en el nombre del Señor. Y la oración de la fe salvará al enfermo, y el Señor hará que se levante, y si hubiera cometido pecados, le serán perdonados». (St 5,14-15). La Tradición ha reconocido en este rito uno de los siete sacramentos de la Iglesia (cf. DS 216; 1324-1325; 1695-1696; 1716-1717)".

Catecismo de la Iglesia Católica 1509-1510.

TEMA 8

LA DIMENSIÓN ANTROPOLÓGICA DE LA ENFERMEDAD

Nuestra reflexión teológica sobre la estructura fundamental de la Unción de los enfermos procede de modo paralelo a como se estudió la estructura del signo sagrado de la Penitencia. Por eso, el estudio comienza exponiendo el nexo entre enfermedad y sacramento en cuanto presupuesto antropológico para su profunda vivencia teologal en la celebración litúrgica de la Unción, que estudiaremos después.

La Unción celebrada

En cuanto theologia prima, la liturgia remite a los textos y gestos del sacramento, tal y como viven en su hogar nativo, que es la celebración. La teología litúrgica se centra en el momento ritual –en este caso, la celebración de la Unción–, como acontecimiento unitario. La acción ritual general de la Iglesia, de la que la Unción es pieza constitutiva, constituye el "lugar" donde se hace presente el misterio de la Pascua de Cristo, en su vertiente sanante y salvadora del enfermo. La asamblea que celebra, la palabra de Dios que se proclama, los textos eucológicos que se oran, los gestos que se realizan, el espacio y el tiempo celebrativos, la luz y la fragancia... estos y otros elementos, unidos en la celebración, conforman un universo simbólico que implica una rica teología en el marco del Ritual de la Unción.

SUMARIO

Los hombres perciben la enfermedad de modo diferente según las diversas épocas de la historia. Actualmente, la ciencia médica, farmacológica, la hospitalización y las políticas sanitarias han conseguido triplicar la longitud de vida de los hombres y mujeres respecto de épocas pasadas. A pesar de este avance, la enfermedad en cuanto tal, es decir, como acerba y punzante realidad que acompaña al hombre sobre la tierra, nunca será erradicada del todo.

El sustantivo castellano "enfermedad" proviene etimológicamente del latín *infirmitas*, que significa **"debilidad"**, falta de firmeza. En la tradición bíblica (Gn 2), el hombre, *ha' adam*, viene del suelo, *'adâmah.* Se recoge así la idea de que el ser humano es terrestre, frágil, corruptible y mortal. Junto con la muerte, la enfermedad es la más dramática de las pruebas que ha de vivir el hombre. En la vida de las personas, la enfermedad es siempre un **tiempo decisivo.** A pesar de que el hombre debe afrontar a lo largo de su vida dificultades familiares, profesionales, económicas, sentimentales... la enfermedad, sin embargo, le sobreviene como **una dura prueba que le afecta en el núcleo más íntimo de su constitución psico-somática.**

Habituado a sentirse dueño de sí, el hombre que sufre una enfermedad grave experimenta un misterioso proceso cuya dinámica, por ser independiente de su voluntad, no acierta a dominar. No es raro que ese proceso vaya acompañado del dolor más o menos localizado, más o menos intenso que tiende a consolidarse y termina absorbiendo su atención e impidiéndole fijarse en otros centros de interés que justamente entonces podrían ser de utilidad. De ese modo, toda **la existencia del enfermo se ve trastocada desde dentro.** Casi todas las actividades habituales que llenaban su jornada se desvanecen. **Todo cuanto le rodea aparece profundamente transformado.** No es raro que tenga que abandonar su ambiente doméstico para acomodarse a la habitación de un hospital, en un ambiente donde quizá no se sienta reconocido o igualmente apreciado como antes lo era entre los suyos. El dolor físico, además, **perturba las relaciones con los demás** porque ensimisma y reconcentra. Se padece una **auto-conmiseración** y se espera que **los demás** se den cuenta.

La incertidumbre del porvenir, el peso de no poder resolver por sí mismo su propia situación, el verse rodeado por pacientes en condiciones tan graves como la suya, la eventual sobrecarga financiera, el desasimiento de lo que en tiempos de salud era su mundo y su hogar... son otros tantos factores que hasta entonces quizá no se apreciaron y que ahora golpean al enfermo en el **sustrato más profundo de su psique.** De ahí que cunda un determinado **estado**

de ánimo: la amargura de saberse derrotado por una realidad que contradice y trunca sus aspiraciones.

La enfermedad rebaja los niveles de **seguridad** que permiten vivir la propia vida con un cierto ritmo y empuje. Cambia con ella la **visión habitual del mundo y de la vida** que cada hombre lleva consigo. El decaimiento producido por la enfermedad descubre al hombre o a la mujer enfermos la realidad de su **contingencia,** de sus límites, que, antes o después, acabarán por conducirle a la muerte. Una **muerte** que ya no se presenta como una idea abstracta y lejana, sino como **amenaza próxima y bien determinada,** que el enfermo deberá afrontar de modo personal e ineludible. **Interrogantes** que quizá hasta entonces ni siquiera habían aflorado, se vuelven ahora apremiantes: ¿por qué este dolor?, ¿qué sentido puede tener?, ¿a quién aprovecha este sufrimiento?

Es en este contexto específico donde el sacramento de la unción cobra relieve y sentido. "Las enfermedades y los dolores han sido siempre considerados como una de las mayores dificultades que angustian la conciencia de los hombres. Sin embargo, **los que tienen la fe cristiana,** aunque las sienten y experimentan, se ven ayudados por la luz de la fe, gracias a la cual **perciben la grandeza del misterio del sufrimiento y pueden soportar los mismos dolores con mayor fortaleza.** En efecto, los cristianos no solamente conocen, por las propias palabras de Cristo, el significado y el valor de la enfermedad **de cara a su salvación y la del mundo,** sino que **se saben amados por el mismo Cristo que en su vida tantas veces visitó y curó a los enfermos"** (RU 1).

2. El nexo entre la enfermedad y el sacramento

En este mundo, el hombre no puede alcanzar la salvación perfecta y total, pues su vida está sujeta al dolor, a la enfermedad y a la muerte. El sacramento de la Unción aporta la **energía salvífica de Cristo** *propter homines (en favor de los hombres).* En este caso, es el **auxilio del cristiano** que atraviesa por esta pesarosa situación de experimentar que una merma grave de su salud le afecta tanto en lo profundo de su cuerpo como de su espíritu. No es la Unción sacramental un remedio terapéutico destinado a suscitar unos ciertos reflejos psicológico-espirituales que acaben provocando la mejoría física. La Unción de los enfermos **es, en su origen y en su fin, una acción sagrada.** Por medio de ella, la **gracia salvífica** penetra en el bautizado enfermo **asumiendo y transformando la enfermedad en momento de conformación con Cristo paciente.**

La enfermedad y el sufrimiento no constituyen valores en sí mismos. Sólo **la fe en Cristo muerto y resucitado y la comunión con él pueden darles su más**

pleno significado. Como **Cristo** mismo presentó el cáliz de su agonía al Padre, **117**
así **el enfermo** presenta su decaimiento a Cristo, implorando su liberación conforme a la voluntad del Padre, mientras acepta plenamente esa misma voluntad. **A esta súplica del enfermo,** que en medio de su *experimentum Crucis (la experiencia de la Cruz)* realiza la oblación de sí y pone en acto un peculiar ejercicio de su sacerdocio bautismal, **Cristo** responde con la gracia consoladora, con la plenitud de auxilio que el enfermo implora. **Es una gracia destinada a sostener y confortar su debilidad.**

No es que la enfermedad se eclipse frente al **sacramento,** sino que éste aparece como respuesta a aquélla. Confiriendo **la gracia,** el don salvífico envuelve al enfermo en su sufrimiento transformándolo **de realidad devastadora en Vida nueva. Secundariamente,** podría abrirse paso en el enfermo una **reacción positiva de bienestar,** cuyo mérito podría atribuirse al sacramento, aunque no sea ésta su finalidad primera.

Tal mejoría nunca debe excluirse a priori; más aún, cabe legítimamente esperarla. Pero **el Señor no eliminó la fuerza destructiva del dolor,** por el que él mismo atravesó cruentamente sobre el leño de la **Cruz,** sino que, aceptándolo y padeciéndolo en la obediencia, amó a los suyos hasta el fin presentándose al Padre en la más pobre –y, por cierto, la más hermosa– de las formas humanas. Así, la destrucción que opera la enfermedad se convierte, por medio del sacramento, en llama que envuelve en una única realidad de luz-amor al enfermo y a Cristo. **En el ámbito de la misteriosa interacción entre** *humana infirmitas* **y** *gratia divina*, **el sufrimiento cabe vivirlo positivamente, es decir, como momento de conformación con Cristo.**

3. El "ritual de la Unción de enfermos"

En época reciente, las indicaciones surgidas del **Concilio Vaticano II** guiaron los trabajos de redacción del **nuevo Ritual de la Unción de los enfermos (RU).** Esos trabajos comenzaron en 1965. El 7 de diciembre de **1972** fue publicado el *Ordo unctionis infirmorum eorumque pastoralis curæ* mediante Decreto de la **Congregación para el Culto divino.** La edición castellana data de **1974** y se titula **"Ritual de la Unción y de la pastoral de enfermos".** Tras una exposición doctrinal acerca del significado y alcance del RU, se abordan algunos aspectos de orden general en torno a los enfermos en la pastoral de la Iglesia, seguidos de indicaciones relativas a la pastoral inmediata. El Ritual está integrado por una trilogía de textos:

a) la Constitución apostólica de Pablo VI *Sacram Unctionem,*

b) los *Prænotanda,*

c) el *Ordo.*

3.1. La constitución apostólica

No todos los libros litúrgicos nuevos van precedidos de una Constitución apostólica. Así, por ejemplo, el Ritual de la Iniciación cristiana de adultos carece de ella. En el caso de la Unción de enfermos, esta Constitución precede al Ritual porque **algunos elementos esenciales, como eran la materia y la forma, debían ser reformulados.** Además, se vio oportuno añadir **disposiciones sobre la reiterabilidad del sacramento.** Para la **materia,** la Constitución establece que allí donde existan dificultades para obtener **aceite de oliva** se puede emplear, tanto **para la unción de los enfermos, como para el crisma y el óleo de los catecúmenos, otro aceite vegetal.** También la forma del sacramento experimenta algún retoque con el fin de **expresar mejor la naturaleza y los efectos del sacramento:** *"Por esta santa unción y por su bondadosa misericordia, te ayude el Señor con la gracia del Espíritu Santo, para que, libre de tus pecados, te conceda la salvación y te conforte en tu enfermedad".*

3.2. *Los Prænotanda*

Los *Prænotanda* de los rituales emanados de la reinstauración litúrgica contienen la **lógica interna del rito sacramental.** Del casi medio centenar de parágrafos que componen los *Prænotanda* del RU destaca, entre otras cosas, que son **sujeto de la unción los fieles que** *propter infirmitatem vel senium periculose ægrotant.* Se puede administrar la unción con motivo de una operación quirúrgica cuando su causa es una **enfermedad grave** (n. 10). A los **ancianos** se les puede administrar la unción, sin que conste una edad preestablecida: basta con que *vires multum debilitentur.* Además, **El bautizado que se encuentra en peligro de muerte puede recibir la unción y el Viático en lo que el RU llama *"rito continuo".*** En este caso, el orden tridentino de los sacramentos era: Penitencia, Viático y Extremaunción; ahora, conforme a los deseos de ls *Sacrosactum Concilium* (n. 74) y a la teología que emerge de las fuentes litúrgicas, el orden es: **Penitencia, Unción y Viático.** No se piense que este orden responde a que la Eucaristía sea el culmen de los sacramentos –que lo es–, sino a que **el sacramento del *transitus*** es cabalmente el Viático.

El rito ordinario hace una propuesta **flexible** en atención a la pluralidad de circunstancias que puedan presentarse. El esquema ritual es el siguiente:

> *Ritos iniciales:* aspersión con una fórmula que evoca el Bautismo; una monición inicial que recuerda el texto de Santiago; celebración del sacramento de la Penitencia, o bien, del acto penitencial.
> *Liturgia de la palabra*: se propone una serie de perícopas de ambos Testamentos.
> *Liturgia del sacramento*: A la proclamación de la palabra de Dios sigue una letanía como intercesión por el enfermo, que responde a la "oración de la fe" de St 5, 15. Imposición de las manos del sacerdote (o de los sacerdotes) en silencio. Eventual bendición del aceite, o, si ya está bendecido, plegaria de acción de gracias sobre el óleo; rito de la santa Unción; oración. Además de esta plegaria, los nn. 145-149 ofrecen una serie de oraciones que se adaptan a las diversas condiciones en las que puede hallarse el enfermo.
> *Ritos de conclusión*: oración dominical; bendición del sacerdote.

4. El dinamismo celebrativo

"Como en todos los sacramentos, la Unción de los enfermos se celebra de forma **litúrgica y comunitaria,** que tiene lugar en familia, en el hospital o en la iglesia, para un solo enfermo o para un grupo de enfermos. **Es muy conveniente que se celebre dentro de la Eucaristía, memorial de la Pascua del Señor"** (CCE 1517).

El espacio **celebrativo** idóneo señalado por el Ritual para celebrar la unción es la iglesia, si el sujeto puede acudir a ella, o bien un lugar adecuado del hospital (n. 154) o la habitación del enfermo. **El *ubi* de la celebración hace visible su eclesialidad.**

Ningún ritual reclama tan explícitamente *el tiempo* de la celebración como el de la Unción, ya que el *quando* celebrativo lo señala cabalmente el estado de quien va a ser sujeto de la unción: **cuando su salud se vea seriamente comprometida por la enfermedad o la senectud** (n. 8). Algunas Iglesias locales celebran el sacramento de la Unción dentro de la celebración eucarística el día **6 de julio,** en la memoria litúrgica de nuestra Señora, Salud de los enfermos; otras lo hacen el **11 de febrero,** día en el que se celebra la Jornada mundial del enfermo, instituida por San Juan Pablo II en el año 1982.

La asamblea **orante** que participa en la celebración comunitaria de la Unción está formada por el enfermo o los enfermos, el presbítero o los presbíteros, los parientes y amigos, y, eventualmente, otros enfermos (n. 73).

El Ritual de Paulo V (1614) prescribía para la celebración del sacramento *el color* morado. Este color estaba en continuidad con el pecado, es decir, aquello sobre lo que debía intervenir el sacramento; **el RU indica el color blanco** (n. 155), que mira al significado y a los efectos del sacramento. El color blanco, que sugiere la luz tabórica, apunta a la glorificación de lo corpóreo, abierto a su transfiguración en la luz total de la divinidad.

Los *gestos* implicados en la celebración son **asperger, imponer las manos, ungir al enfermo y bendecir a la asamblea.** Pero la principal de estas acciones es el gesto de ungir: de ella toma nombre el sacramento. El gesto de la imposición de las manos sobre la cabeza del enfermo es citado tanto por el Concilio de Trento como por la Constitución apostólica *Sacram Unctionem infirmorum* de Pablo VI. Esa imposición debe destacarse con relieve y realizarse con expresividad.

En el patrimonio eucológico del Ritual encontramos, por último, los *símbolos* del **aceite,** del **agua** y, finalmente, del **"leño verde del olivo"** al que alude líricamente la oración *Emitte.* Isidoro designa al olivo "árbol insigne de la paz". Verde era la hoja de olivo que trajo la paloma a Noé, señal que inauguraba la paz entre Dios y la nueva humanidad salvada en el arca; y verde es también el olivo que produce el aceite, portador de la paz y del consuelo de Dios al enfermo salvado en la Iglesia (cf. Judas 9, 8-15; Sal 52, 10).

El Ritual propone una **rica variedad de** *lecturas bíblicas* –la voz del Esposo– cuyo número sobrepasa el medio centenar (cf. RU 135; 260-335). La nueva *eucología* del Ritual –la voz de la Esposa– dedica una especial atención a la presencia-acción del **Espíritu Santo** en el sacramento de la unción. La santa Unción de los enfermos, como última de las unciones que han signado la vida sacramental del cristiano (el Bautismo, la Confirmación y, eventualmente, el Orden), pone de manifiesto la dimensión escatológica del don del Espíritu.

Ejercicio 1. Vocabulario

Identifica el significado de las siguientes palabras y expresiones usadas:

- Theologia prima
- Praenotanda
- Viático
- Transitus
- Perícopa
- Aspersión
- Ubi
- Eucológico

Ejercicio 2. Guía de estudio

Contesta a las siguientes preguntas:

1. ¿Qué diferencia hay entre la manera de afrontar la enfermedad y la muerte de una persona que ha recibido la fe cristiana y otra que no la tiene?

2. ¿Qué aporta el sacramento de la Unción a la enfermedad y a la muerte?

3. ¿Qué relación hay entre el sufrimiento y la muerte del hombre y el sufrimiento y la muerte de Cristo?

4. ¿Por qué el Ritual de la Unción de enfermos va precedido de una Constitución?

5. ¿Qué son los *Prænotanda* de los rituales emanados de la reinstauración litúrgica?

6. ¿Quién es el sujeto de la Unción de enfermos?

7. ¿Por qué, para el bautizado que se encuentra en peligro de muerte, el Concilio estableció como rito continuo: "Penitencia, Unción y Viático"?

8. ¿Cuál es el esquema ritual del sacramento de la Unción?

9. ¿Cuál es el espacio celebrativo idóneo del sacramento de la Unción?

10. ¿Por qué el color blanco se utiliza para la celebración del sacramento de la Unción?

11. ¿Cuáles son los gestos y los símbolos del sacramento de la Unción?

Ejercicio 3. Comentario de texto

Lee los siguientes textos y haz un comentario personal utilizando los contenidos aprendidos:

"Por esta santa unción y por su bondadosa misericordia, te ayude el Señor con la gracia del Espíritu Santo, para que, libre de tus pecados, te conceda la salvación y te conforte en tu enfermedad".

Forma del sacramento de la Unción.

* * *

"Sostened los brazos de los débiles,
fortaleced las rodillas vacilantes.
Decid a los que no tienen valor:

«¡Sed fuertes y no temáis!
Allí está vuestro Dios:
ya viene la liberación.
El os resarcirá, el viene a salvaros».
Porque brotarán manantiales en el desierto
y torrentes en los campos desolados.
La tierra seca se convertirá en un lago
y en el suelo árido brotarán vertientes;
y volverán los rescatados de Dios.
Vendrán a Sion con gritos de júbilo,
y alegría eterna será sobre ellos.
Gozo y alegría alcanzarán,
y huirán la tristeza y los llantos".

Isaías 35 (3-4; 6c-7; 10)

TEMA 9

EL SIGNO SACRAMENTAL. SUJETO, MINISTRO Y EFECTOS DE LA UNCIÓN DE ENFERMOS

Conviene subrayar el singular ejercicio del sacerdocio bautismal que realiza el cristiano incluso en la enfermedad y en la senectud cuando ofrece sus penas y dolores a Dios. En efecto, la contemplación teológica del sujeto de la unción descubre la dimensión cultual inherente a la vida del cristiano que experimenta los embates de la enfermedad o los achaques de la edad provecta. Este culto existencial (sacerdocio santo) consiste en que el enfermo o el anciano "ofrezca" al Padre, unido a Cristo, los "sacrificios espirituales" que comportan sus dolores y sufrimientos. De este modo, es constituido en "sacerdote de su propia existencia", pues como recuerda Josemaría Escrivá: "todos, por el Bautismo, hemos sido constituidos sacerdotes de nuestra propia existencia".

SUMARIO

En los temas precedentes se ha expuesto la **dimensión bíblica, antropológica y litúrgica** de la santa Unción; resta ahora ofrecer una **síntesis sistemática de la fe eclesial** relativa a este sacramento.

Esta síntesis considera los datos precedentes no de modo aislado, sino precisamente en su unidad e interrelación. Se organiza en torno a las cuatro cuestiones tradicionales del **análisis dogmático** de este sacramento: **la estructura del signo, el ministro, el sujeto y los efectos.** El estudio va precedido de una introducción a la **noción teológica** de unción, como **marco de referencia** donde contextualizar el humus **cristológico** de este sacramento.

1. La noción teológica de "unción"

La unción es una realidad presente en el **Antiguo Testamento** como **figura,** en el **Nuevo Testamento** como **evento,** y en **el tiempo de la Iglesia** como **sacramento.** La figura **anuncia y anticipa** el evento, mientras que el sacramento **lo celebra, lo hace presente y lo actualiza.** La *figura* viene dada por las **varias unciones practicadas en el Antiguo Testamento.** El *evento* está constituido por la **unción de Cristo** al que todas las figuras apuntaban como a su cumplimiento. El *sacramento* está representado por el conjunto de **signos sacramentales** que cuentan con la **unción** como uno de los ritos principales o complementarios.

1.1. Antiguo Testamento: la unción como figura

El Antiguo Testamento menciona **tres clases de unciones:** la unción de los **reyes,** de los **sacerdotes** y de los **profetas.** En este último caso, se trata de una unción metafórica, en la que no interviene el aceite. En cada una de estas unciones, se perfila un **horizonte mesiánico,** o sea, **la espera de un rey, de un sacerdote, de un profeta que será "el Ungido"** por antonomasia, el Mesías. Lo que el rey recibe con la unción es la *ruah* **del Señor** que lo llena de su fuerza vital. El **vínculo entre la unción y el Espíritu del Señor** queda destacado sobre todo en Isaías: "el Espíritu del Señor está sobre mí, porque el Señor me ha ungido" (Is 61,1). David, ungido por Samuel, recibe el Espíritu (cf. 1 Sm 16,13).

1.2. La unción como evento

El **Nuevo Testamento** presenta a **Jesús** como el **Ungido de Dios.** En él, aquellas antiguas unciones han hallado su **cumplimiento.** Así lo muestra su título de **"Mesías",** o **Cristo,** que significa **Ungido; y así también se encuentra afir-**

mado explícitamente: "me refiero a Jesús de Nazaret, a quien Dios ungió con Espíritu Santo y poder" (Hech 10, 38). Los Sinópticos dan a entender varias unciones en Cristo: en la Encarnación, en el Bautismo, y en la Resurrección. Se trata de tres grandes momentos de unción mesiánica, correspondientes a tres efusiones del Espíritu, el cual se hace presente en el Verbo encarnado, en su ministerio público, y en la plenitud de su Resurrección.

Existe una "economía" en las manifestaciones del Espíritu donde cada una de las unciones tiene efectos distintos, y se corresponde con cada uno de los tres oficios de Cristo (los *tria Christi munera*). La unción de la Encarnación es una unción sacerdotal que constituye a Cristo –Dios y hombre– en Mediador entre los hombres y Dios. La unción del Bautismo en el Jordán se orienta a su misión profética, cuando Jesús comenzó a predicar y a hacer milagros. La unción de la Resurrección es la unción real y Jesús, el *Kyrios,* es constituido, también en cuanto hombre, Rey y Juez del universo.

1.3. La unción como sacramento

Después de haber estado presente en el Antiguo Testamento como *figura,* y en el Nuevo Testamento como *evento,* la unción está presente ahora, en el tiempo de la Iglesia, como *sacramento.* ¿Qué representa el sacramento con respecto al evento? El sacramento toma el signo de la figura y el significado del evento. Concretamente, el sacramento toma de las unciones del Antiguo Testamento el elemento (el crisma, el óleo...), y de Cristo la eficacia salvífica. Así, la unción está presente en la Iglesia en un amplio conjunto de ritos sacramentales. Entre los *sacramentos* hay unciones en la Confirmación (crismar con el óleo consagrado por el obispo el Jueves Santo) y en la Unción de los enfermos (ungir con el óleo bendecido también por el obispo ese mismo día). Como parte de otros sacramentos, la Iglesia unge al catecúmeno en su Bautismo y también al cristiano que recibe el sacramento del Orden en el grado del episcopado o del presbiterado (no del diaconado). Finalmente, hay que recordar la unción del altar y de las paredes de la iglesia en la celebración sacramental de su dedicación.

2. La estructura del signo sacramental

La Iglesia ha reconocido en el texto inspirado de Santiago los elementos esenciales de la Unción de los enfermos, que el Concilio de Trento propuso en forma autorizada (cf. DH 1695-1700 y 1716-1719). El pasaje de la Carta de Santiago indica el *signo* externo del sacramento: la unción con aceite (*élaion*) y la oración (*euché*).

2.1. La *materia remota* de este sacramento es el aceite de oliva

La **Constitución** *Sacram Unctionem* **de Pablo VI** señala que el significado de la unción no varía sustancialmente si, a falta del aceite de oliva, se emplea **otro aceite vegetal**. El aceite utilizado en el rito "debe ser **bendecido** para este menester por el obispo o por un presbítero que tenga esta facultad en virtud del derecho o de una especial concesión de la Santa Sede" (n. 20). La bendición del óleo de los enfermos se hace normalmente en la **misa crismal que celebra el Obispo, en el Jueves Santo** (n. 21).

2.2. La *materia próxima* es la unción en las manos y en la frente del enfermo con el aceite consagrado por el obispo

"La unción se confiere ungiendo al enfermo en la frente y en las manos; conviene distribuir la fórmula de modo que la primera parte se diga mientras se unge la frente y la segunda parte mientras se ungen las manos. Pero, en caso de necesidad, basta con hacer una sola unción en la frente o, según sea la situación concreta del enfermo, en otra parte conveniente del cuerpo, pronunciando siempre la fórmula íntegra" (n. 23). "El ministro ha de hacer las unciones con la mano, a no ser que una razón grave aconseje el uso de un instrumento" (CIC (1983), c.1000, §2).

2.3 La *forma* del sacramento, que determina la materia, es: "por esta santa unción y por su bondadosa misericordia, te ayude el Señor con la gracia del Espíritu Santo, para que libre de tus pecados, te conceda la salvación y te conforte en tu enfermedad" (RU 25). Esta fórmula **debe pronunciarse en dos partes:** la primera mientras se unge la **frente** y la segunda durante la unción de las **manos**.

3. El sujeto de la santa Unción

El Ritual recoge lo establecido en el Código de Derecho Canónico: es sujeto de la santa unción **el "fiel que, habiendo llegado al uso de la razón, comienza a estar en peligro por enfermedad o vejez"** (n. 8; c. 1004). No es necesario, por tanto, que se trate de un moribundo; basta que empiece a estar en peligro grave por enfermedad o vejez. Es frecuente que el enfermo o el anciano no sea consciente del riesgo que corre. En ese caso, los familiares, o quienes le asisten, deben sugerirle la conveniencia de recibir la santa unción mientras se está en condiciones de celebrar con fruto el sacramento.

Se exige el Bautismo y el suficiente uso de razón para comprender el significado del sacramento (cf. n. 12). La Unción no se administra a los niños incapaces de haber pecado (DH 3536). **"En la duda** sobre si el enfermo ha alcanzado el **uso de razón,** sufre una **enfermedad grave o ya ha fallecido, se debe administrar este sacramento"** (c. 1005).

La unción se debe también administrar "a los enfermos que, cuando estaban en posesión de sus facultades, lo hayan pedido al menos de manera implícita" (n. 14; c. 1006). En caso de que exista duda acerca de si el sujeto ha fallecido o no, la unción se le confiere incondicionalmente (cf. CIC (1983), c. 1005). Sin embargo, el sacramento no puede administrarse a quien consta que ya ha fallecido, una vez considerado el tiempo ya transcurrido desde la expiración. Finalmente, por tratarse de un **"sacramento de vivos",** la unción no puede conferirse a quienes persisten obstinadamente en un pecado grave manifiesto (RU 15; CIC (1983), c. 1007).

Desde el punto de vista de la Teología espiritual, conviene subrayar el singular ejercicio del **sacerdocio bautismal** que realiza el cristiano incurso en la **enfermedad** y en la **senectud** cuando **ofrece sus penas y dolores a Dios.** En efecto, la contemplación teológica del sujeto de la unción descubre la **dimensión cultual inherente a la vida del cristiano** que experimenta los embates de la enfermedad o los achaques de la edad provecta. **Este culto existencial (sacerdocio santo) consiste en que el enfermo o el anciano "ofrezca" al Padre, unido a Cristo, los "sacrificios espirituales" que comportan sus dolores y sufrimientos.** De este modo, es constituido en **"sacerdote de su propia existencia",** pues como recuerda Josemaría Escrivá: "todos, por el Bautismo, hemos sido constituidos sacerdotes de nuestra propia existencia".

Desde su cama o desde la habitación del hospital, el enfermo, mientras ejerce la virtud de la fortaleza para sobrellevar el dolor o la postración, ofrece esos sacrificios espirituales en el altar de su corazón, unido a Cristo para que Él transforme desde dentro el mundo y la historia con su dinamismo redentor. **Es el culto de su vida hecha oblación grata a Dios para alabanza de su gloria.** Este sacrificio espiritual, **plenificado** por la participación en el rito litúrgico de la Unción, deviene signo del sacrificio de Cristo entrañado en la vida del enfermo.

Cristo es siempre el ministro y agente principal de los sacramentos. Se entiende por **ministro secundario, o simplemente ministro de la Unción,** aquel que la confiere válidamente. La cuestión del ministro presenta un aspecto especial debido a las recientes propuestas de algunos autores en torno a un eventual "ministro extraordinario de la unción".

Durante los primeros siglos, los fieles laicos, normalmente los familiares del enfermo, realizaban unciones no ritualizadas sobre el enfermo con el aceite bendecido por el obispo, o incluso se lo facilitaban para que lo sumiese a modo de bebida en la esperanza de su curación corporal. Este uso antiguo no era la unción a la que se refiere Santiago, realizada por los "presbíteros de la Iglesia".

En tiempos recientes, sin embargo, debido a la escasez de sacerdotes para la celebración de la Unción, algunos autores han propuesto la conveniencia de revisar esa doctrina. Proponen que los diáconos permanentes, e incluso determinados laicos, puedan ser designados ministros extraordinarios del sacramento. Para estos autores, el magisterio tridentino permitiría poder hablar de "ministro extraordinario", ya que, en las dos ocasiones en que el Concilio menciona al sacerdote como *minister proprius* del sacramento, "propio" no significaría "exclusivo" (DH 1697 y 1719).

La Congregación para la Doctrina de la Fe ha llamado la atención sobre esta propuesta en una *Nota acerca del ministro del sacramento de la unción de los enfermos.* He aquí el texto:

> "el Código de Derecho Canónico, en el canon 1003, §1 (cf. también c. 739, §1 del Código de cánones de las Iglesias orientales) recoge exactamente la doctrina manifestada por el Concilio de Trento (Sesión XIV, c. 4; cf. también CCE 1516), según la cual **sólo los sacerdotes (obispos y presbíteros) son ministros del sacramento de la Unción de los enfermos.** Esta doctrina ha de ser *definitive tenenda.* Ni los diáconos ni los laicos pueden desempeñar dicho ministerio y cualquier acción en este sentido constituye simulación del sacramento".

El Ritual de la Unción de los enfermos nunca contempla la posibilidad de que el ministro sea un diácono o un laico (cf. n. 16-19). Con estas bases, la Nota califica la doctrina según la cual el ministro del sacramento de la Unción de los enfermos *est omnis et solus sacerdos*, como doctrina *definitive tenenda*. En consecuencia, resulta inválido el sacramento de la unción que un diácono o un laico intentaran conferir. La acción constituiría un delito de simulación en la administración del sacramento, sancionado en el Código de Derecho Canónico (cf. c. 1739) y en el Código de cánones de las Iglesias orientales (cf. c. 1443).

Para tener una visión global en torno a los efectos de la Unción conviene articular la exposición en dos etapas: primero expondremos, a grandes rasgos, los sucesivos resultados de la reflexión teológica en torno a los efectos del sacramento; seguidamente presentaremos el marco de referencia actual sobre esta materia.

5.1. Recapitulación histórica

Durante **los cuatro primeros siglos,** los efectos de la unción fueron entendidos en función de la totalidad de la persona. **Luego, siglos VIII-IX,** se acentuó el efecto corporal, aunque sin excluir el espiritual. Desde el periodo carolingio hasta la escolástica, **siglos VIII-XII,** el perdón de los pecados se asoció al efecto corporal.

Entre los siglos **XIII y XVI** triunfa la tendencia de la teología escolástica a desarrollar el efecto espiritual. La cuestión de los efectos se ciñó a la afirmación de que la unción responde a la *debilitas* o *ineptitudo* proveniente del pecado original y de los pecados graves, y, en consecuencia, convenía conferirla cuando el sujeto era ya incapaz de ulteriores pecados.

En el último periodo, que discurre **desde el Concilio de Trento hasta el Vaticano II,** la manualística distinguió los efectos espirituales o primarios *(per se)* de los efectos corporales o secundarios *(per accidens).* Por efectos espirituales o primarios se entendía la gracia sacramental, la cual comporta la remisión de los pecados mortales, que hubiera sido imposible confesar, y de los pecados veniales, la remisión de las penas temporales, la confortación espiritual del alma del enfermo, la confianza en la misericordia de Dios y la fuerza para resistir las tentaciones. Los efectos corporales eran la salud física, la serenidad para soportar los embates de la enfermedad, la tranquilidad del sujeto. Este efecto corporal estaba condicionado a la salvación del alma y, por tanto, en cuanto hipotético, albergaba menor interés: el primado lo tenía el efecto espiritual.

Ahora corresponde interrogar al **Ritual** y al **Catecismo de la Iglesia** para escuchar su respuesta a la cuestión de los efectos de la Unción. La Constitución *Sacram Unctionem* aborda esta cuestión cuando refiere que "hemos pensado cambiar la fórmula sacramental de manera que, haciendo referencia a las palabras de Santiago, «se expresen más claramente los efectos sacramentales»" (el entrecomillado es nuestro). Por consiguiente, los cambios que ha experimentado la forma atestiguan la nueva tonalidad en la comprensión de los efectos.

Así, del estudio comparado de ambos textos se desprende que la supresión del periodo *"quidquid per visum, sive per auditum... deliquisti"* invita a dar relieve la *gratia Spiritus Sancti*, avanzando por un camino que –bueno es recordarlo– ya había abierto la Sesión XIV de Trento.

El Ritual establece como punto basilar de su doctrina sobre los efectos el siguiente enunciado: "este sacramento otorga al enfermo la gracia del Espíritu Santo" (cf. RU 6). El Catecismo de la Iglesia Católica lo recoge del siguiente modo: "la gracia primera de este sacramento es una gracia de consuelo, de paz y de ánimo para vencer las dificultades propias del estado de enfermedad grave o de la fragilidad de la vejez. Esta gracia es un «don del Espíritu Santo» que renueva la confianza y la fe en Dios y fortalece contra las tentaciones del maligno, especialmente la tentación del desaliento y de la angustia ante la muerte" (CCE 1520).

Por "don del Espíritu Santo" se entiende la plenitud del Espíritu que se derrama sobre las dimensiones corporal, espiritual, psíquica y moral del cristiano en estado de precariedad física para conformarlo *ex opere operato* con Cristo crucificado y glorificado (RU 146).

5.2. La confomación del sujeto con Cristo paciente

La **conformación personal del enfermo, por la potencia del Espíritu, con Cristo que sufre y muere** es el efecto por excelencia de la santa Unción. La situación de la persona enferma se trasforma en situación de vida en Cristo. Su sufrimiento es una *beata passio*.

La santa Unción transforma la enfermedad en lugar de particulares gracias sintonizdas con la longitud de onda que la Pasión del Señor. De esta comunión entre Cristo y el cristiano, a través de la fe y el sacramento, proviene la esperanza –que es certeza– de la salvación eterna y de la participación en la vida del Resucitado. El conjunto de esta actuación cristológica sobre el enfermo la recoge el Catecismo en estos términos:

> "por la gracia de este sacramento, el enfermo recibe la fuerza y el don de unirse más íntimamente a la Pasión de Cristo: en cierta manera es «consagrado» para dar fruto por su configuración con la Pasión redentora del Salvador. El sufrimiento, secuela del pecado original, recibe un sentido nuevo, viene a ser participación en la obra salvífica de Jesús" (CCE 1521).

Se supera, pues, **aquella dicotomía entre efectos corporales y espirituales** de la Unción que, con el correr de los siglos, se introdujo como resultado de una valoración incompleta de la antropología bíblica. Todo lo corpóreo en el ser humano está penetrado del espíritu y todo lo espiritual está encarnado.

Acerca del tipo de alivio y consolación que otorga el sacramento, el Ritual y el Catecismo de la Iglesia Católica responden que el efecto de la unción **mira a la persona en su totalidad, liberándole de todos los males del** *corpus, anima, mens, spiritus* **en vistas a una sanación integral del sujeto.** De otra parte, tanto el *Ordo Unctionis,* como el Catecismo de la Iglesia Católica presentan los efectos de este sacramento especificando: **"si conviniera a su salud espiritual"** (n. 5); "esta asistencia del Señor por la fuerza de su Espíritu quiere conducir al enfermo a la curación del alma, pero también a la del cuerpo, si tal es la voluntad de Dios" (CCE 1250).

Respecto a la liberación del pecado, como efecto segundo del sacramento, el Catecismo la confiesa explícitamente. Siendo la Unción un sacramento de vivos, la enunciación de este efecto va al final del extenso párrafo 1520 cuando el Catecismo afirma: **"(...) además, si hubiera cometido pecados, le serán perdonados"** (CCE 1520; RU 129 y 136).

Ejercicio 1. Vocabulario

Identifica el significado de las siguientes palabras y expresiones usadas:

- Crismar
- Ritual de la Unción

- El Ungido por antonomasia
- Ruah

Ejercicio 2. Guía de estudio

Contesta a las siguientes preguntas:

1. ¿Cuáles son las cuatro cuestiones tradicionales del análisis dogmático del sacramento de la Unción?

2. Noción teológica del sacramento de la Unción de enfermos.

3. El Antiguo Testamento menciona tres clases de unciones en las que se perfila un horizonte mesiánico. ¿En qué unciones del AT se perfila este horizonte mesiánico?

4. ¿Cómo refieren los Hechos de los apóstoles y los sinópticos las unciones de Cristo?

5. Existe una "economía" en las manifestaciones del Espíritu donde cada una de las unciones tiene efectos distintos, y se corresponde con cada uno de los tres oficios de Cristo. ¿Cuál es esa relación?

6. En el tiempo de la Iglesia, la Unción de enfermos se presenta como sacramento. ¿Cómo se representa el sacramento con respecto a la figura y al evento?

7. ¿En qué sacramentos hay unciones?

8. ¿Cuál es el signo externo del sacramento?

9. Materia remota y próxima.

10. Forma del sacramento.

11. Sujeto del sacramento.

12. Ministro del sacramento.

13. Efectos del sacramento.

Ejercicio 3. Comentario de texto

Lee los siguientes textos y haz un comentario personal utilizando los contenidos aprendidos:

"El Espíritu del Señor está sobre mí, porque el Señor me ha ungido" (Is 61,1).

* * *

"Me refiero a Jesús de Nazaret, a quien Dios ungió con Espíritu Santo y poder" (Hech 10, 38).

* * *

"Por esta santa unción y por su bondadosa misericordia, te ayude el Señor con la gracia del Espíritu Santo, para que te libre de tus pecados, te conceda la salvación y te conforte en tu enfermedad" (Ritual de la Unción 25).

SELECCIÓN BIBLIOGRÁFICA

SACRAMENTO DE LA PENITENCIA Y DE LA RECONCILIACIÓN

Documentos del magisterio de la Iglesia

Catecismo de la Iglesia Católica, nn. 1420-1498.

PABLO VI, *Constitución apostólica Pænitemini* 1967.

JUAN PABLO II, *Encíclica Dives in misericordia* (30 noviembre 1980).

JUAN PABLO II, *Exhortación Apostólica Reconciliatio et Pænitentia* (2 diciembre 1984).

COMISIÓN TEOLÓGICA INTERNACIONAL, *La reconciliación y la penitencia* 1982.

Manuales

ADNÈS, P., *La penitencia*, Madrid 1981.

AROCENA, F. M., *Penitencia y Reconciliación - Unción de enfermos*, Pamplona 2014.

FERNÁNDEZ, P., *El Sacramento de la Penitencia*, Salamanca-Madrid 2000.

FLÓREZ, G., *Penitencia y Unción de enfermos*, Madrid 1994.

GARCÍA IBAÑEZ, Á., *Conversión y reconciliación - Tratado histórico-teológico sobre la penitencia postbautismal*, Eunsa, Pamplona 2024

LÓPEZ MARTÍNEZ, N., *El sacramento de la Penitencia y la Unción de los enfermos*, Burgos 1989.

Documentos del magisterio de la Iglesia

Catecismo de la Iglesia Católica, nn. 1499-1532.

Juan Pablo II, *Carta Apostólica Salvifici dolores* (11 febrero 1984).

Manuales

Arocena, F. M., *Penitencia y Reconciliación - Unción de enfermos*, Pamplona 2014.

Fernández, P., *Unción de los enfermos - Teología, liturgia, espiritualidad*, Salamanca 2008.

Flórez, G., *Penitencia y Unción de enfermos*, Madrid 2001.

Nicolau, M., *La Unción de los enfermos. Estudio histórico-dogmático*, Madrid 1975.

Ortemann, C., *El sacramento de los enfermos*, Madrid 1973.

ÍNDICE GENERAL